Inhalt

Vorwort

Liebe Leserinnen und Leser,

zur Zeit unserer Vorfahren spielten die besonderen Ereignisse des Kirchenjahres und die Gedenktage populärer Heiliger eine herausragende Rolle in ihrem Jahresablauf. Viele dieser Kalendertermine gingen als „Lostage“ ins bäuerliche Leben ein, an die auch mancherlei Brauchtum und zahlreiche Wetter- und Bauernregeln geknüpft waren. Die Lostage galten als Tage besonderer Aussagekraft über die Entwicklung, das Schicksal des künftigen Wetters.
(Losen = Wahrsagen, Vorhersagen / Los = Schicksal)
Es fällt auf, dass gerade in Monaten, von denen das bäuerliche Leben durch Saat oder Ernte besonders betroffen ist, eine große Zahl von Lostagen existiert, wie etwa im Juni als Reife- oder beginnender Erntemonat. Natürlich häufen sich diese Tage, an denen man gerne in die Zukunft schaut, auch um die Jahreswende. Nicht zuletzt waren schon aus religiösen Gründen die besonderen Festtage im Kirchenjahr, wie etwa Ostern, Pfingsten und Weihnachten, Termine, an denen die Bauern in alter Zeit besorgt zum Himmel blickten, um aus dem Wetter dieser Tage Prognosen für die Zukunft zu stellen. Dabei gewannen sie durch vielfache Erfahrungen Erkenntnisse, die sie dann, in einfache Reime gegossen, an ihre Nachfahren weitergaben. Betrafen die Erkenntnisse das Wetter, so wurden diese als Wetterregeln zusammengefasst.

Aber auch ihre bäuerlichen Erfahrungen und Lebensweisheiten vermittelten sie künftigen Generationen in Reimform, etwa allgemeine Verhaltensformen im bäuerlichen Alltag, wie auch Saat- und Ernteregeln, die als Bauernregeln überliefert wurden. Sicherlich sind die tradierten Wetterregeln nicht so zuverlässig wie unsere heutigen Satelliten-Wetterprognosen, aber auch diese können irren; langfristige Wettervorhersagen sind auch heute, trotz aller technischen Hilfsmittel, noch recht unzuverlässig. Dass die Wetterregeln unserer Vorfahren keineswegs zum „alten Eisen“ gehören, beweist allein schon die Tatsache, dass ihre Aussagen und Inhalte schon mehrfach wissenschaftlich untersucht wurden und es sich herausstellte, dass gerade die längerfristig angelegten Sprüche auch heute noch – trotz globaler Klimaveränderungen – Trefferquoten zwischen 60 und 70 Prozent erreichen können. Zu beachten ist hier natürlich

auch die geographische Lage, das Relief und das Kleinklima eines Gebiets. Gerade in Gebirgsregionen, vor allem im Hochgebirge, gilt der Spruch: „Hinter jedem Berg ist ein anderes Wetter."
Aus der heidnischen oder religiösen Überlieferung (Heiligenlegenden) – oft wurden zur Zeit der Christianisierung Germaniens heidnische Feste, Bräuche und Rituale ins Christliche umgemünzt und mit christlichen Inhalten versehen – entstand häufig das vielfältige Brauchtum, das unsere Ahnen über Generationen hinweg praktizierten und das in Kriegs- oder Nachkriegszeiten abflaute oder in Vergessenheit geriet, weil die Menschen, um ihren Lebensunterhalt und ihre Existenz zu sichern, ganz andere Sorgen hatten. Erfreulicherweise wurde in den letzten Jahrzehnten in Heimat- und Volksvereinen dieses Brauchtum wieder neu belebt und vertieft.

Daher erschien es mir wichtig, die drei Elemente der Lostage, nämlich religiöser Ursprung, daraus resultierendes Brauchtum sowie die zugehörigen Wetter- und Bauernregeln zu vereinen.

Die Lostage waren in der Regel an kirchliche Feste gebunden und wurden vor allem auf dem Lande entsprechend gefeiert. Urlaub im heutigen Sinne gab es vor hundert Jahren weder in der Landwirtschaft noch in der bürgerlichen Mittelschicht. Privilegierte Stände leisteten sich schon zu Goethes Zeiten Auslandsreisen und Kuraufenthalte. Urlaub für alle gab es erst in der Wirtschaftswunderzeit nach dem Zweiten Weltkrieg. Gerade die religiös tiefer verwurzelte Landbevölkerung suchte sich in früheren Zeiten an den kirchlich vorgegebenen Unterbrechungen des Arbeitsalltags zu erholen. Das waren die bedeutenden Kirchenfeste und Gedenktage besonders populärer Heiliger, die streng eingehalten wurden.

Die in diesem Buch genannten Heiligen sind im Laufe der Zeit im Kirchenkalender zum Teil verschoben, noch häufiger aber ganz gestrichen worden, um „modernen Heiligen" Platz zu schaffen. Im Volksglauben jedoch sind die „alten Heiligen" immer noch verwurzelt, was nicht zuletzt die heute wieder bei der Namensgebung von Neugeborenen zunehmende Verwendung biblischer Vornamen belegt.

Liebe Leserinnen und Leser, ich wünsche Ihnen mit diesem Buch angenehme Lektürestunden.

Ottersweier, im Heerbst 2016
Helmut Kopf

Zum Jahreswechsel

Die Tage um den Jahreswechsel hatten große Bedeutung für die Menschen. Das neue Jahr steht vor der Tür, auch heute überlegt, bangt und hofft man und ist gespannt darauf, was es wohl bringen wird. Früher hielt der kalte, dunkle Winter die Menschen zuhause und dort war Zeit für allerlei Geschichten und Mystik.

Die zwölf Raunächte

Gerade die letzten sechs Nächte des alten und die ersten sechs Nächte des neuen Jahres, beginnend mit der Weihnachtsnacht bis zur Nacht vor Dreikönig, waren den Menschen früherer Jahrhunderte besonders unheimlich und geheimnisvoll.

In diesen zwölf „Raunächten", so glaubten sie, entscheide sich das Schicksal des kommenden Jahres sowohl im persönlichen Ergehen als auch im Wetter. Zu den volkstümlichen Überlieferungen aus heidnischer Zeit gehörte der Glaube an ein wild dahin stürmendes, Schrecken verbreitendes Geisterheer unter der Führung des germanischen Gottes Wotan, den man durch allerlei Gegenzauber besänftigen zu können hoffte.

Schutz vor Wotan's wildem Heer

BRAUCHTUM

In diesen unheimlichen Nächten versuchte man mit Kienspan, Öllampe oder Talglicht das Dunkel zu erleuchten, um vor dämonischem Treiben sicher zu sein. Diese Sicherheit aber geriet ins Wanken, wenn der ums Haus wehende Wind oder Sturm das Licht zum Flackern brachte oder gar auslöschte, wenn die Fensterläden oder Türen klapperten, dann schien die Bedrohung am größten. Deshalb versuchten mutige junge Burschen schon zu Beginn der abendlichen Dunkelheit diesem Unheil entgegen zu wirken, indem sie mit Peitschengeknall und Lärminstrumenten die Dämonen zu vertreiben suchten.

Glitzerndes Raureif, knirschender Schnee, gefrorene Bäche und Seen, eisige Luft, Winterstimmung ist einzigartig.

Überdies wurden den Stalltieren Mistelbeeren ins Futter gemischt, um sie vor Krankheiten zu schützen. Häufig wurden nach dem Abendläuten Wohnräume und Viehstall mit Weihwasser besprengt. Den Hausbewohnern wurden Hülsenfrüchte vom Speiseplan gestrichen, um übers Jahr Geschwüren vorzubeugen. Ebenso waren „zwischen den Jahren“ Spinnen, Dreschen und Wäsche waschen verboten. Bauholz sollte in den letzten Tagen des Jahres geschlagen werden, weil es dann angeblich weder von Ungeziefer noch von Fäulnis befallen wurde. Um die bösen Geister zu besänftigen, zeigte man sich besonders großzügig gegenüber Hilfsbedürftigen und Bettlern. Als Lohn erwartete man reiche Ernte, Geldsegen, Gesundheit und Liebesglück.

Um Wohnung und Stallung vor Unbill zu schützen, verbrannte man unter Beschwörungsformeln und Gebeten Räucherwerk, wie etwa die Kräuterbüschel der im Herrgottswinkel aufgestellten „Wiehenne“, die an Mariä Himmelfahrt (15.8.) geweiht worden waren oder das Palmreisig vom Palmsonntag. Der von den geweihten Pflanzen aufsteigende Rauch sollte dann die unheimlichen und unheilvollen Geister vertreiben. Daher der Name „Raunächte“, von „Rauch“ und nicht der kalten rauen Winternächte wegen.

Was mag das neue Jahr bringen?

WETTERREGELN

- In den zwölf Raunächten pflegten die Menschen verschiedene Wetterorakel.
- Man legte in den zwölf Nächten je eine Zwiebel-Halbschale mit einer Prise Salz vor das Fenster und prophezeite aus den 12 Nächten das Wetter der einzelnen Monate des kommenden Jahres. Blieb das Salz trocken, sollte es einen trockenen Monat geben, wurde es feucht, war ein regenreicher Monat angesagt.
- Man beobachtete und notierte das Wetter der einzelnen Tage und prognostizierte daraus die Witterung jedes einzelnen Monats, wobei klirrende Kälte der Winternacht für entsprechend große Hitze der Sommermonate stand. Dass diese unter aber-

So könnte Wotan aussehen, da tat man viel dafür, ihn und andere gefürchtete Gestalten zu besänftigen.

gläubischen Vorzeichen stehenden Wetterprognosen kein Humbug waren, sondern zumindest eine 60-prozentige Verlässlichkeit aufwiesen, wurde von meteorologischen Untersuchungen der letzten Jahrzehnte bestätigt.

- Auch für die Einschätzung des persönlichen Schicksals befragte man die Lostage, wenn auch mit weniger Treffsicherheit. Dabei ging man nach der Intensität des Sonnenscheins an den zwölf Tagen, der eine orakelhafte Bedeutung – nicht nur im positiven Sinne – bekam. Am ersten Lostag (26. 12.) versprach Sonnenschein ein glückliches Jahr, am zweiten bereits kündigte er Preiserhöhungen an; am fünften Tag versprach die Sonne eine reiche Obsternte und am letzten Tag (Dreikönig) stand Sonnenschein für Zwist und Hader. Auch andere Naturbeobachtungen weckten in diesen Tagen positive Erwartungen:
  „Wenn in den Raunächten die Eiszapfen lang sind, wird auch der Flachs lang.

Silvester und Neujahr (31.12./1.1.)

Der letzte Tag des Jahres trägt den Namen eines ehemaligen Papstes. Er hieß Silvester I., lebte vor fast 1700 Jahren und soll am 31. Dezember 335 verstorben sein.

Der Silvester-Tag war nicht immer der letzte Tag des Jahres. Die Verknüpfung des Jahresendes mit dem Namen Silvester geht auf das Jahr 1582 zurück. Damals wurde von Papst Gregor XIII. (1502-1585) eine Reform des „Julianischen Kalenders“ durchgeführt und der „Gregorianische Kalender“ eingeführt. Der letzte Tag des Jahres wurde vom 24. auf den 31. Dezember verlegt, den Todestag des Papstes Silvester I.

Laut Überlieferung war Silvester der erste heilige Papst, der nicht das Martyrium erlitt. Sein Gedenktag wird von der *griechisch-orthodoxen Kirche* und der *bulgarisch-orthodoxen Kirche* am 2. Januar, von der *russisch-orthodoxen Kirche* am 15. Januar und von der *römisch-katholischen Kirche* an seinem Todestag, dem 31. Dezember, gefeiert. Dieser Tag wird deshalb allgemein *Silvester* genannt. Sein Name bedeutet „der Waldmann“ (von lat. *silva*, „Wald“). Silvester ist Schutzpatron der Haustiere und wird um eine gute Futterernte und ein gutes neues Jahr angerufen.

Parallel zu der Kalenderreform wurde der Jahresbeginn offiziell auf den 1. Januar verschoben. Um den Unterschied von zehn Tagen auszugleichen, folgte auf den 4.10.1582 der 15.10.1582. Erst Papst Innozenz XII. (1615–1700) legte 1691 für die Christen das Neujahrsfest endgültig auf den 1. Januar fest. Trotzdem brauchte es noch Jahrzehnte, bis sich dieser Tag in den christlichen Ländern durchsetzte: Während in den katholischen Gebieten Europas die Reform des Kalenders zügig durchgeführt wurde, erklärten sich die letzten protestantischen Länder erst 1699 bereit – so auch Württemberg. In der Zeit davor wurde der Jahresbeginn am 25. Dezember gefeiert. Später wählte man dafür den Dreikönigstag am 6. Januar. Menschen in anderen Ländern und Religionen feiern den Jahreswechsel an unterschiedlichen Terminen, weil sie einen anderen Kalender und eine andere Zeitrechnung haben. Ohnehin ist schwer zu sagen, welche Regeln – insbesondere Wetterregeln – vor oder nach der gregorianischen Kalenderreform entstanden sind und welche Tage dem neuen Kalender angepasst oder nicht angepasst wurden.

Brauchtum

Für den letzten Tag des alten und den ersten Tag des neuen Jahres übte der Aberglaube auf die Menschen eine große Faszination aus. Einerseits blickten sie mit banger Sorge, andererseits auch mit optimistischer Erwartung auf das nächste Jahr. Sie wollten möglichst früh wissen, was die Zukunft bringen werde. Das ist heute noch so, nicht umsonst haben Spiritisten und Kartenleger an den Tagen der Jahreswende Hochkonjunktur.

Auch unsere Vorfahren versuchten an diesen Tagen, die Zukunft zu deuten.

Der Heimatchronist Franz Karl Maurath (1871–1934) beschreibt einen Brauch, der auch heute noch „angesagt“ ist: Eines der bekanntesten Orakel war das Bleigießen (ersatzweise auch Wachs). Die Bleikugeln wurden auf einen breiten Löffel gelegt und über eine brennende Kerze gehalten, bis die grau glänzende Masse zu blubbern begann. Nun wurde sie in eine Schüssel kalten Wassers gekippt, und es entstanden abstrakte Gebilde, aus denen man mit viel Fantasie etwas erkennen konnte. Hatte sich beispielsweise eine Rundform ergeben, so konnte das durch die Ähnlichkeit mit einem Geldstück Reichtum bedeuten. Man konnte aber auch eine Erdkugel darin erkennen, was auf eine bevorstehende weite Reise hinwies.

Mit besonderer Aufmerksamkeit betrachteten die heiratsfähigen Mädchen die entstandenen Bleigebilde, denn mit viel Fantasie ließen sich daraus die Gestalt und der Beruf des Zukünftigen erkennen: So deutete etwa eine Ringform auf einen Wagner, das Hufeisen auf einen Schmied.

Ebenfalls einen Blick in die Zukunft verhieß das Lichtorakel. Kleine Kerzenstummel wurden in zwei Nussschalen gesetzt und in einer Wasserschüssel schwimmen lassen. Kamen sie von einem Schüsselrand zum andern, ohne zu kentern oder zu erlöschen, war ein gutes Jahr sicher.

Ein Gebäck, das speziell in der Silvesternacht gefertigt wurde, waren die „Hohwölflein“ (auch Howölfle) oder auch „Wowölflein“ (auch Wowölfle).

Es handelte sich um gebackene Tierformen aus Roggenmehl bzw. Hutzelbrotteig, „mit Schnitz- oder Hutzelbrühe süß gewaschen“ (Maurath), die aber nicht sofort verspeist, sondern im Herrgottswinkel oder auf Brettchen aufgestellt wurden. Frühestens an Lichtmess (2.2.) durfte man sich an ihnen vergreifen. Sie dienten als Schutz des Hauses vor Naturgewalten und wurden daher nicht selten das ganze Jahr über im Herrgottswinkel belassen.

Der Herrgottswinkel ist eine Zimmerecke (Kultecke) in christlichen Wohnungen – häufig in bäuerlichen Wohnstuben. Meist ist es die dem Ofen gegenüberliegende Zimmerecke, mit Kruzifix und Heiligenbildern, oft durch Kalenderblätter, Bibel, Gesangbuch, Ikonen und Devotionalien zu einer Art Hausaltar erweitert. Die Familie setzt sich bei häuslichen Andachten auf die Bank unter den Herrgottswinkel; in Wirtshäusern dient er dazu, die Gäste zu ermahnen, sich in Wort und Tat zurückzuhalten.

Damals wie heute wurden auch Glückssymbole verschenkt, gebacken oder aus Marzipan: Glücksklee, Glücksschwein, Kaminfeger, Hufeisen und andere.

Auf dem Speiseplan stand Sauerkraut hoch im Kurs. Es galt als eine heilbringende Speise zu Beginn des neuen Lebensabschnitts. Wer zu Neujahr diese Form des Kohls, natürlich mit deftigem Schweinefleisch oder Wurst, verzehrte, sollte das ganze Jahr hindurch gesund bleiben und auch immer Geld haben.

Ein anderes traditionelles Silvestergericht war die Erbsensuppe. So zahlreich und schmackhaft wie die Erbsen sollten Wohlstand und Geld das neue Jahr bestimmen.

Ähnlich symbolischen Charakter hatte auch das Fischessen am Silvesterabend. Der Fisch galt als Symbol für Fruchtbarkeit und Fülle, und man glaubte, dass alles, was in dieser Nacht geschah, den Rest des Jahres bestimme. Als Nachspeise gab es mancherorts den „Gutjahrsring", ein Hefegebäck, das – verziert mit Glückssymbolen – auf die Festtafel kam. Das Silvesteressen im Kreis von Familie und Freunden symbolisierte die Gemeinschaft, die von nichts und niemandem aufzubrechen war.

Typisch für die Neujahrsnacht sind Lärm und Radau. Früher wurde mit mechanischen Geräten geklappert, gepoltert und geknallt, heute sind es die Raketen, Knallkörper und anderes Feuerwerk. Früher glaubte man mit dergleichen die bösen Geister und Wetterhexen vertreiben zu können, heute dienen die Feuerwerkskörper mehr der Unterhaltung. Das Läuten der Kirchenglocken Punkt Mitternacht ist ein christlicher Brauch, der ein Jahr des Heils ankündigen soll. Um glücklich ins neue Jahr zu kommen, stieg man in den Bauernstuben vor Mitternacht auf einen Stuhl oder Tisch, und Schlag zwölf Uhr sprang man herunter und mit Schwung ins neue Jahr.

Kräftige Neujahrswünsche

Von einem heute völlig unbekannten Neujahrsbrauch berichtet Franz Karl Maurath ebenfalls: Während man sich heute per Handschlag, Kuss oder Umarmung ein gutes neues Jahr wünscht, tat man es seinerzeit durch ein symbolisches „Würgen" oder „Würgeln". Beim ersten Treffen am Neujahrsmorgen packten sich die Familienmitglieder am Hals – aber ohne Verletzungsgefahr – und „würgelten" und schüttelten sich und tauschten dabei mit viel Heiterkeit die Neujahrswünsche aus. Diese Sitte, so Maurath, habe auch an Geburts- und Namenstagen gegolten und sei der handgreifliche Beweis der Zuneigung und der Wunsch für Wachstum und Gesundheit gewesen.

Der ganze Neujahrstag galt den Besuchen von Verwandten und Bekannten. Besonders stolz war man, wenn man anderen mit seinem Glückwunsch zuvorkam.

In manchen Alpenländern bestand zu Silvester der Brauch, dass sich ein junger Bursche als personifizierter Silvester verkleidete und während des abendlichen Vergnügens auf der Ofenbank saß, allerdings jedes Mal, wenn ein Mädchen in seine Nähe kam, aufsprang und es küsste. Kurz vor Mitternacht verteilte der Hausherr an alle

Gäste grüne Zweige, mit denen der Silvester mit Schlag 12 Uhr aus dem Haus getrieben wurde. Dieses Spiel nannte sich „Silvesterschlagen".

Da Silvester auch ein Tag war, an dem oft das Gesinde wechselte, gab es nach dem Silvestergottesdienst auf dem Bauernhof ein festliches Abschiedsessen, bei dem der Hausherr reichlich auftischte. Je nach Gegend wurde bei dieser Gelegenheit erstmals der neue Wein serviert.

Am Neujahrstag wollte man freigebig und großzügig sein. Nicht ganz uneigennützig, hoffte man doch, dass die Großzügigkeit im neuen Jahr in Form von Reichtum auf den Geber zurückkomme; denn was an Neujahr geschah, sollte sich auf das ganze Jahr auswirken. So hatte man das neue Jahr beispielsweise ohne Schulden, frisch gewaschen zu begrüßen, denn für den Neuanfang sollte der alte Schmutz abgewaschen sein.

WETTER-REGELN

Silvester und Neujahr sind auch wichtige Lostage für Wetterprognosen.

Wenig Hoffnung auf ein gutes Jahr besteht bei Wind in der Silvesternacht:

„Wind in Sankt Silvesters Nacht hat nie Wein und Korn gebracht."

Am Neujahrstag soll es vor allem nicht regnen, dann kann sich der Bauer auf ein ertragreiches Jahr freuen:

„Ein Jahr, das fängt mit Regen an, ruft nicht viel Gutes auf denPlan."

Aber dagegen:

„Strahlt Neujahr im Sonnenschein, wird das Jahr wohl fruchtbar sein."

Januar

Der Januar (lat. *mensis Ianuarius*) ist der erste Monat des Julianischen sowie des Gregorianischen Kalenders mit 31 Tagen. Im altrömischen Kalender war der Ianuarius ursprünglich der elfte Monat und hatte 29 Tage.

Benannt ist der Januar nach dem römischen Gott Janus. Bei den Römern war Janus der Gott allen Anfangs und des Endes, der Hüter und Schützer der Türen und Tore. Er wird doppelköpfig dargestellt (Januskopf = Symbol der Gegensätzlichkeit) – vorwärts und rückwärts blickend: Das eine Gesicht sieht in die Zukunft, das andere in die Vergangenheit.

Alte Namen wie „Wintarmonath“, „Eismond“, „Schneemond“ oder „Hartung“ (= vom althochdeutschen „hartimanod“) deuten alle auf die Winterzeit mit Schnee, Eis, Kälte und Frost, also auf den kältesten Monat des Jahres hin. Aus dem Altgermanischen ist der Name „Thormanoth“ überliefert, der sich auf die Verehrung des Gottes Thor (Donar) bezieht. Der Name „Wolfsmond“ erinnert an die Paarungszeit der Wölfe. Für die Landwirtschaft war es der „Dreschmonat“: In der Winterzeit wurde früher das Korn gedroschen. Für ein gutes Erntejahr war das Wetter in der Winterzeit für die Bauern von zentraler Bedeutung:

Dreikönig oder Epiphanie (6. Januar)

„Epiphanie“ (griech. „epiphaneia“) bedeutet „Erscheinung“ und wird auch „das zweite Weihnachtsfest“ genannt. Am Dreikönigstag feiern die Christen „die Erscheinung des Herrn“.

Im Matthäusevangelium wird von Magiern berichtet, die einen Stern im Morgenland gesehen hatten, dem sie folgten und nach dem „neugeborenen König“ der Juden suchten, den die Propheten angekündigt hatten. Diese Magier waren im weiteren Sinne Astrologen, Seher und Orakeldeuter, von Königen war erst einmal nicht die Rede. Vermutlich kamen sie aus Chaldäa, einem Zentrum der Kunst des Sterndeutens.

Die Überlieferung, die diese Magier schließlich zu Königen machte, wird erstmals im 6. Jahrhundert belegt. Die Namen der Könige, Kaspar, Melchior und Balthasar, wurden im 9. Jahrhundert erstmals

genannt. Jeder Name steht für einen der damals bekannten Erdteile Europa, Afrika und Asien, aber auch für die drei Lebensalter: Jüngling (Melchior), Mann (Balthasar) und Greis (Kaspar).

Die Geschenke, die die Magier an der Krippe niederlegten, haben große Symbolkraft: Das Gold bezeichnet den einem König gebührenden Weisheitsschatz, der Weihrauch ist das ergebungsvolle Opfer und Gebet, die Myrre symbolisiert die rein haltende Kraft der Selbstbeherrschung.

Die wissenschaftliche Identität des Sterns von Bethlehem ist nicht belegbar. Die meist vertretene Theorie ist die der „Coniunctio magna", der großen Konjunktion der Planeten Jupiter und Saturn, die damals für ein seltenes Himmelsschauspiel sorgten und als Zeichen der Geburt des geweissagten Königs von Israel gedeutet wurde.

In vielen Hochkulturen des Altertums galten Himmelsphänomene als Vorboten besonderer Geschichtsereignisse. In Altägypten, Mesopotamien, Persien und Medien unterschieden die Menschen damals noch nicht zwischen Sterndeutung (Astrologie) und Sternbeobachtung (Astronomie). Jegliche Sternkunde war damals zentraler Teil von Tradition und Kultur. Auch in der griechischen Philosophie war die Beobachtung des Sternenhimmels stets „auf das große Ganze" gerichtet und trug für die Menschen wesentlich zur metaphysischen Erklärung der Welt bei.

Brauchtum

Im Verlauf der Jahrhunderte entwickelte sich im christlichen Abendland vielfältiges Brauchtum um den Dreikönigstag.

Am Vorabend des Dreikönigstages beging man die Dreimahlsnacht mit einem Dreikönigsmahl als fröhliches Familienfest. Auf regional verschiedene Weise wurde ein König ausgelost, indem man in einen „Königskuchen" eine Bohne, Mandel, Erbse oder eine Münze einbackte. Wer sie beim Essen fand, wurde zum König gekürt.

Als „Reichsheilige" waren die Dreikönige Vorbild und Fürbitter der deutschen Könige und Kaiser. Sie galten als Helfer gegen Schicksalsschläge und wurden angerufen zum Schutz für Mensch, Vieh

Das „Erden-Bettuch" schützt die Natur und bietet auch für Spaziergänger Licht und Ruhe.

und Haus. Wegen ihrer Reise zum neugeborenen Jesuskind wurden sie auch Patrone der Reisenden und Pilger.

Im Mittelalter sprach man am Festtag Bannsprüche und Zauberformeln gegen Seuchen, Unglücksfälle, Krankheit und Feuer. Auch die bis heute erhaltenen Wirtshausnamen „Zum Sternen“, „Zur Krone“ oder „Zum Mohren“ künden von der Verehrung der drei Könige.

Im 16. Jahrhundert entstand der Brauch, dass Kloster- und Chorschüler, verkleidet als Könige, von Haus zu Haus zogen und mit Liedern und Segenssprüchen von den Hausbewohnern milde Gaben erbaten. Dieser Brauch wurde nach dem Zweiten Weltkrieg wieder aufgenommen; heute wird in deutschen Diözesen die Sternsingeraktion „Kinder für Kinder“ praktiziert.

Die sternsingenden „Könige“ schreiben an die Haustüren die Buchstaben C – M – B zur Abkürzung des lateinischen Segensspruches: **C**hristus **M**ansionem **B**enedicat (Christus segne diese Wohnung/dieses Haus).

In der kirchlichen Liturgie wurde am Dreikönigstag – ähnlich wie in der Osternacht –Taufwasser geweiht. Mit diesem Weihwasser wurde getauft, die Menschen durften es aber auch mit nach Hause nehmen, man sprach ihm große Heilkraft bei Menschen und Tieren zu.

Auch die Weihe von Salz, Weihrauch und Kreide an diesem Festtag ist eine alte kirchliche Tradition. Das Salz streute man bei Gewitter aus dem Fenster als Schutz vor Blitzeinschlag; wenn die Milch nicht zu Butter werden wollte, gab die Hausfrau ein paar Körnchen ins Butterfass. Menschen und Vieh sollte es vor Krankheit schützen.

Im politischen Leben der Bundesrepublik Deutschland ist der Dreikönigstag „Epiphanias“ Namensgeber für das seit den 1860er-Jahren – mit entsprechenden Unterbrechungen – jährlich stattfindende „Dreikönigstreffen der Freien Demokraten“ am 6. Januar in Stuttgart. Dieses „Brauchtum“ hat natürlich nichts mit dem ursprünglichen Dreikönigsfest zu tun, aber das Datum dieses traditionell kirchlichen Festes ist politisch zu einem sehr prägenden Tag geworden.

Die Bauern und Winzer beobachteten das Wetter an diesem wichtigen Tag mit großem Interesse. Mit verschiedenen Sprüchen spekulierten sie über das kommende Wetter des noch jungen Jahres:
Ein sonniger Festtag ließ positive Rückschlüsse vor allem für die Winzer zu. Weniger Freude bereitete dieses Wetter denen, die bereits ein baldiges Frühjahr ersehnten:
„Ist Dreikönig hell und klar, gibt 's viel Wein in diesem Jahr."
„Heilig Dreikönig, sonnig und still, Winter vor Ostern nicht weichen will."
Aber zu mild sollte Epiphanie auch bei sonnigem Wetter nicht ausfallen, sonst wäre von den Eisheiligen Mitte Mai noch ein Kälterückfall zu befürchten:
„Dreikönig ohne Eis, Pankratius (12.5.) alles weiß."
Gar zu optimistisch erscheint die Regel:
„Bis Dreikönig kein Winter, kommt keiner mehr dahinter."
Denn die Prognosen befürchten in der Mehrzahl bei einer zu milden ersten Winterhälfte genau das Gegenteil, nämlich einen umso längeren und härteren Spätwinter wie etwa die Regel:
„Weihnachten im Klee, Ostern im Schnee."
„Die Erde muss ein Bettuch haben, soll sie der Winterschlummer laben."
„Eis und Schnee im Januar, kündet ein gesegnet Jahr."

Februar

Der Februar (lat. *mensis februarius*) ist der zweite Monat des Julianischen Kalenders sowie des Gregorianischen Kalenders (ursprünglich der letzte Monat des bürgerlichen Jahres) mit 28, in seinem Schaltjahr mit 29 Tagen. Bei den Römern war der Februar der „Sühne- und Reinigungsmonat", die Zeit der Sühne, Besinnung, Läuterung und Reinigung. Die althochdeutschen Namen „Hornung" oder „Horning" sind entweder von horen = paaren oder von schützen also Schutzmonat, abgeleitet. Der Zusammenhang mit dem Vieh, das sich hörnt, ist auch denkbar. Hirsche werfen in dieser Zeit ihr Geweih ab. Aus dem Altgermanischen kommt die Bezeichnung „Goyemamoth", was so viel wie Schmelzmond, Taumond, Thaumonat bedeutet und mit dem Tauen des gefallenen Schnees zusammenhängt. Es ist der Monat, wo die Natur erwacht.

Mariä Lichtmess (2. Februar)

Am zweiten Februar wird in der katholischen Liturgie „Mariä Lichtmess" gefeiert. Nach dem mosaischen Gesetz musste der neugeborene Jesus nach einer bestimmten Frist in den Tempel gebracht werden und die Mutter Maria sich einem Reinigungsritus unterziehen.

Die Bezeichnung Lichtmess leitet sich von der Lichter- und der Kerzenprozession her, die in Anspielung auf Simeons Worte „ein Licht, das die Heiden erleuchtet", schön früh zur Festliturgie gehörten. Das Fest bildet in der neuen Liturgie als „Darstellung des Herrn" 40 Tage nach Weihnachten den Abschluss der weihnachtlichen Feierlichkeiten.Die Entzündung der geweihten Kerzen war das symbolische Ende der dunklen Zeit, deren Beginn am Martinstag (11.11.) mit einem Laternenumzug begangen worden war. Die geweihten Kerzen wurden übers Jahr zu hohen Kirchenfesten, zur Taufe, bei Gewittern und auch für Verstorbene angezündet. Noch bis in die Fünfzigerjahre wurden in unserer Gegend in den Seelenmessen von den Gläubigen geweihte „Wachsstöcke" abgebrannt.

BRAUCHTUM Neben dieser religiösen Bedeutung ist Lichtmess einer der wichtigsten Lostage im bäuerlichen Jahr. Er war im Arbeitsjahr, ähnlich wie „Martini“, ein wichtiger Termin, da er das Ende der Arbeiten im Haus und den Beginn der Feldarbeit markierte. Die Dienstboten erhielten den Jahreslohn und konnten den bisherigen Dienst kündigen. Es war der Tag der Einstellung und Entlassung von Knechten und Mägden, die, je nach Leistung beschenkt und entlohnt, nun ihr Bündel packen konnten. Daher existiert in Süddeutschland für den 2. Februar auch die Bezeichnung „Bündelestag“. Diese Wende im Bauernjahr wurde mit einem angemessenen Fest gefeiert. Für neu eintretendes Gesinde besiegelte ein schlichter Handschlag ohne schriftliche Vereinbarung das Arbeitsverhältnis, welches grundsätzlich mindestens ein Jahr dauern sollte.

WETTERREGELN

Der Lichtmess-Termin, der auch als „Schwelle zum Frühling“ bezeichnet wurde, war also durch den Dienstbotenwechsel und die Aufnahme der Feldarbeit ein markanter Einschnitt im Jahresverlauf. Auch das Wetter wurde an diesem Tag sehr genau beobachtet.

Für die Bauern bedeutete ein schlechtes Lichtmesswetter u. a. eine schlechte Heuernte. Gemeint ist aber kein frühlingshaftes, sonniges Wetter, sondern der Winter sollte noch gegenwärtig sein.

„Wenn's an Lichtmess stürmt und schneit, ist der Frühling
nicht mehr weit.“

Sonnenschein an Lichtmess bedeutete ein spätes Frühjahr bzw. ein noch lange andauernder Winter:

„Ist's an Lichtmess schön und warm, wird 's wieder kalt,
dass Gott erbarm.“

Der Berliner Meteorologe Horst Malberg, der die alten Wetterregeln auf ihre Treffsicherheit untersuchte, schätzt die Treffsicherheit der Lichtmessregeln aufgrund seiner Beobachtungen auf knapp 70 Prozent. Bedeutet doch klimabedingt Sonnenschein Anfang Februar, dass der Hochdruckeinfluss längere Zeit dauert und somit die Zufuhr von kalter Festlandluft aus dem Osten mit klarem Wetter und kräftigen Nachtfrösten weiter anhält.

Mit weiteren zum Teil markigen Sprüchen bedachten die Bauern das Schreckgespenst eines sonnigen Lichtmesstages:

„Lieber das Weib auf der Bahr', als Lichtmess hell und klar.“

„Zu Lichtmess sieht der Bauer lieber den Wolf im Schafstalle denn die Sonne.“

Zu den ersten blühenden Sträuchern gehören Zaubernuss und Seidelbast.

„Gibt's an Lichtmess Sonnenschein, kommt auch noch viel Schnee herein; blinkt an Lichtmess aber Schnee, bringt der Palmtag grünen Klee."

Im Umkehrschluss soll es an Lichtmess nass, kalt und trüb sein:

„Wenn's an Lichtmess stürmt und tobt, der Bauersmann das Wetter lobt."

„Lichtmess trüb, ist dem Bauern lieb."

„Wenn zu Lichtmess der Nebel fallt, wird 's bestimmt noch lange kalt."

Ähnlich wie zu Weihnachten gilt auch der Spruch:

„Lichtmess im Klee – Ostern im Schnee" und umgekehrt."

Gleich nach Lichtmess (St. Blasius, 3. Februar, St. Agathe, 5. Februar) gelten für eine gute Ernte (offensichtlich mit Ausnahme des Flachses: „Lichtmess hell und klar, gibt ein gutes Erntejahr") konträre Wetterregeln zu Lichtmess:

„Sankt Blas' und Urban (25. Mai) ohne Regen folgt ein guter Erntesegen."

„An St. Agathe Sonnenschein, bringt recht Korn und guten Wein."

Auch Singvögel, wie etwa die Lerche, sieht man vor Lichtmess noch gar nicht gerne, denn auch sie weisen auf einen erneuten Wintereinbruch hin:

„So lang die Lerche vor Lichtmess singt, so lange sie nachher weder singt noch schwingt."

Denn jetzt begann nach vorgregorianischer Zeitrechnung der Spätwinter oder gar schon der Vorfrühling. So wurde Lichtmess auch als „Schwelle zum Frühling" bezeichnet, trotz der Gewissheit, dass der Spätwinter immer noch für einige Überraschungen gut war. Jetzt, 40 Tage nach Weihnachten, ist der Tag schon eine Stunde länger. Diese Zunahme des Tageslichts veranlasste die katholische Kirche, an diesem Tag Kerzen zu weihen und da und dort Lichterprozessionen zu veranstalten. Die Weihnachtszeit endete mit diesem Termin, und in den Kirchen, früher auch in den Privathäusern, wurden jetzt erst Krippen und Weihnachtsschmuck abgeräumt.

Im Volksleben und Volksglauben galt dieser Festtag als die „Hälfte des Winters":

„Lichtmessen – der Winter halb gewesen und bald vergessen."

Stand noch wenigstens die Hälfte des Viehfutters zur Verfügung, konnte die Zeit, bis neues Futter eingeholt werden konnte, damit überbrückt werden; das gleiche galt auch für die Vorräte zum menschlichen Verzehr:

„Zu Lichtmess noch das halbe Futter, dann fehlt 's dir nicht an Brot und Butter."
„Zu Lichtmess halb Futter, halb Brot, dann hat es keine Not."
Auch für die Imker war es ein besonderer Tag, brachten doch die Bienen das benötigte Wachs für die Kerzen hervor. Die bäuerliche Tradition berichtet, dass deshalb der Imker an Lichtmess behutsam am Bienenstock anklopfte, um den Bienenvölkern anzusagen, dass nun die „gute Zeit" bevorstehe.

Die zunehmende Tageslänge beendete zu diesem Zeitpunkt auch das allabendliche Spinnen bei den Lichtgängen in der dunklen Jahreszeit, das mit dem Martinstag (11.11.) begonnen hatte. So heißt es beispielsweise in der Pfalz:
„Lichtmess, Spinnen vergess' bei Tag, zu Nacht ess!"
Und in Weinbaugebieten wurde der Vers noch ergänzt:
„Das Rad hinter die Tür, das Rebmesser herfür!"
Im Bauernhaushalt konnte jetzt schon wieder das abendliche Vesper bei Tageslicht eingenommen werden, und für den Bauern begann so nach und nach wieder die Arbeit in Garten und Feld, z. B. an den Obstbäumen und in den Reben. Daher die Bauernregel:
„An Lichtmess fängt der Bauersmann von neuem mit der Arbeit an."
Brachte der Winter dem Landwirt den Ausgleich für die sommerlichen Strapazen; Zeit für die Reparatur von Gerät, für Schnitzarbeiten und anderes, war es nun damit vorbei.

Valentinstag (14. Februar)

Der Valentinstag, auch „Tag der Liebenden" oder „Freundschaftstag", ist der Tag, an dem man an seine Lieben Valentinsgrüße versendet und Blumen verschenkt. Diese Bedeutung geht vermutlich auf den Bischof Valentin von Terni (Italien) zurück, der wohl im Jahre 269 unter Kaiser Claudius II. am 14. Februar den Märtyrertod erlitt. Etwa 200 Jahre nach Valentins Tod, im Jahre 496 n. Chr., erklärte Papst Gelasius den 14. Februar zum „Valentinstag."

Die Legende berichtet, dass Valentin sich um die vom Kaiser verfolgten Christen kümmerte. Er wollte sich nicht verbieten lassen, seine Religion auszuüben und vermählte Verliebte nach christlicher Tradition, darunter auch Soldaten, die nach dem damaligen kaiserlichen Befehl unverheiratet bleiben mussten. Damit verstieß er gegen das ausdrückliche Verbot des Kaisers. Die frisch Vermählten soll er mit Blumen aus seinem Garten beschenkt haben.

Valentin gilt auch als Schutzheiliger der Bienenzüchter, vermutlich durch ihren Bezug zu Blumen und Blüten.

Überliefert ist auch, dass er die blinde Pflegetochter des Richters und Gefängnisaufsehers Asterius, dem er vom Kaiser überantwortet worden war, durch Gebete wieder sehend machte. Dadurch gewann Valentin diesen und seine ganze Familie für das Christentum. Asterius ließ alle gefangenen Christen frei und ließ sich mit seiner Familie taufen. Darüber war der Kaiser so erbost, dass er neben dem Wundertäter auch die ganze Familie des Richters samt Gesinde und den frei gelassenen Christen in den Kerker werfen und enthaupten ließ.

Nicht unumstritten ist Valentins Todestag und damit das Erinnerungsdatum, der 14. Februar. Vielleicht steht dieser Termin auch im Zusammenhang mit dem römischen Fest des Hirtengottes Luperus im heidnischen Rom. Und auch das Fest der römischen Göttin Juno, der Gattin des obersten Gottes Jupiter, die auch Schutzpatronin der Ehe war, wurde am 14. Februar gefeiert. Sie galt als Beschützerin der Ehe und Familie und die Frauen wurden an diesem Tag mit Blumen beschenkt.

Brauchtum

Der religiöse Ursprung des Valentinstages am 14. Februar ist das heute vergessene Fest zur „Ankunft Jesu als himmlischer Bräutigam zur himmlischen Hochzeit".

Seit dem späten 14. Jh. ist der Valentinstag in England, Belgien und Frankreich als das Fest der Jugend und der Liebenden bezeugt.

Im angelsächsischen Bereich verfasste der Schriftsteller Geoffrey Chaucer sein Gedicht „Parlament der Vögel", das 1383 anlässlich einer Valentinsfeier am Hofe König Richards II. erstmals vorgetragen wurde. In dem Gedicht wird geschildert, wie sich die Vögel zu diesem Feiertag um die Göttin Natur versammeln, um bei diesem Frühlingsfest jeweils einen Partner zu finden. In westslawischen und sorbischen Gebieten Ostdeutschlands fällt in die Zeit um den Valentinstag das Fest der „Vogelhochzeit" nach dem Volkslied „Ein Vogel wollte Hochzeit machen...".

In England bildeten sich seit dem 15. Jahrhundert „Valentinspaare", die sich gegenseitig mit kleinen Geschenken oder Gedichten bedachten. Später schenkte man sich in der gehobenen britischen

Gesellschaft grundsätzlich Blumen. Englische Auswanderer nahmen diesen Brauch mit in die Neue Welt, und durch amerikanische Soldaten kam er nach dem Zweiten Weltkrieg nach Deutschland, wo 1950 in Nürnberg der erste Valentinsball veranstaltet wurde.

Die Süßwarenindustrie und die Floristik entdeckten im Valentinstag ein Geschäft, für das sie mit jährlich zunehmendem Erfolg warben. Es gibt heute neben Kartengrüßen, Konfekt und Parfüms vor allem Blumen aller Art zu diesem Anlass. „Lasst Blumen sprechen," ist das Motto für diesen Tag.

Selbst in China und Japan erfreut sich der Valentinstag, weitgehend nach westlichem Vorbild begangen, zunehmender Beliebtheit. Doch in Japan beschenken die Frauen am 14. Februar ihre Ehemänner, ihre männlichen Kollegen und Chefs mit brauner Schokolade. Im Gegenzug dürfen sie einen Monat später, am 14. März, als Gegenleistung weiße Schokolade erwarten.

WETTERREGELN

Die Bauern beobachten am Valentinstag das Wetter genau.

Nach Bernhard Michels, „Altes Wetterwissen wieder entdeckt", war dieser Tag wohl ursprünglich das Fest des römischen Gottes der Hirten, Lupercus, um für die Felder und Herden Fruchtbarkeit zu erbitten.

Auch wurde nach dem Valentinstag vielfach kein Holz mehr geschlagen und es sollte keine Henne gesetzt werden. Man glaubte die Küken würden krank und sterben.

Die Spruchweisheiten für diesen Termin Mitte Februar zeugen davon, dass der Winter noch ein strenges Regiment führen kann. Im Hinblick auf das Frühjahr ist Kälte am Valentinstag durchaus positiv zu sehen:

„An Sankt Valentin friert 's Rad mitsamt der Mühle ein."
„Kalter Valentin, früher Lenzbeginn."
„Ist 's an Valentin noch weiß, blüht zu Ostern schon das Reis."

Oder aber der Frühling setzt schon erste Akzente:

„Am Tage von Sankt Valentin gehen Eis und Schnee dahin."
„Trinkt St. Valentin viel Wasser, wird der Frühling umso nasser."

Am Valentinstag erbaten die Bauern Fruchtbarkeit für Ihre Tiere.

Doch bei den Haus- und Nutztieren gelten andere Regeln:
„Sankt Valentins Eier sind umsonst noch zu teuer.“
„Kein Kalb, kein Huhn zur Zucht gelingt, wenn 's Valentin zu Tage bringt.“

Kathedra Petri - Petri Stuhlfeier (22. Februar)

Der Feiertag Kathedra Petri, der volkstümlich als Petri Stuhlfeier oder auch der St. Peterstag bezeichnet wird, ist ein Gedenktag im Kirchenjahr der römisch katholischen Kirche. Bei unseren Vorfahren stand er in hohen Ehren. Er beruht auf der biblischen Überlieferung vom Wirken des Apostels Petrus in Antiochien, dem heutigen Antakya in der Südtürkei. Die Überlieferung machte ihn zum ersten Bischof an diesem Ort, wo er im Jahre 42 n. Chr. seinen Sitz genommen habe, den „Stuhl Petri“ (cathedra Petri).

Für unsere Vorfahren war dieses Kirchenfest ein wichtiger Lostag für landwirtschaftliche Wetterbeobachtungen. Das Wetter an Petri Stuhlfeier – so folgerten sie – bleibt 14 oder sogar 40 Tage wie es ist.
Aus der alemanischen Volksfasnacht finden wir viele Hinweise auf Brauchtum und Bauernregeln, die vom Christentum übernommen wurden.

BRAUCHTUM

Zur Freude der Kinder war der Tag „Petri Stuhlfeier“ schulfrei, denn die Kinder hatten das Vorrecht, am Vorabend oder Feiertagsabend mit Lärm und Getöse „Schlangen und Krotten“ zu vertreiben. Diese Sitte reicht bis in die heidnische Zeit zurück. Bei der Christianisierung Germaniens ging mancher bis dahin gepflegte heidnische Brauch vom Gott Wodan oder Thor auf Petrus über. Thor war in der Germanenzeit Beschützer des Lebens, der Haus, Hof, Familie, Tiere und Felder vor Schaden bewahrt, u. a. der Schutzgott gegen Ungeziefer, wie Schlangen und Kröten, als dessen Helfer der Storch auftrat.

Aus zahlreichen Gemeinden im Raum Achern-Bühl ist der Brauch des „Schlangen- und Krottenjagens“ überliefert. Der Heimatschriftsteller Franz Karl Maurath (Unzhurst) beschreibt den Ablauf so: „Den Kindern war der Peterstag ein liebes Fest, an dem sie, den

Bannspruch rufend, mit Ketten rasselnd und mit Schellen klingelnd, durchs Dorf zogen und für die Bannung des Ungeziefers Äpfel, Birnen, Speck, Eier, Küchle und Geldstücke erhielten." Neben Schlangen galten auch Kröten als giftiges Getier. Der für Mittelbaden in mehreren Variationen überlieferte Bannspruch lautete: „Peter, Peter Sturm, die Schlangen und den Wurm, die Käfer und die Krotten wollest du ausrotten." Und speziell für die Gemeinde Unzhurst: „Schlange und Krotte zum Tor nus, zum Unzerschter – Breiterschter Muhr nus; d' Küchle werfe zum Fenster nus!" – „Gerade in den sumpfigen Muhrwaldungen," so Maurath, „müssen die Schlangen und Krotten ehemals zu Haufen und Knäueln herumgesessen und beim Erwachen des Frühlings herausgepurzelt sein, dass sie eine wahre Landplage wurden."

Dieses Ungeziefer „zum Tor nus!", hieß nicht, zum Tor hinaus, sondern zum alten Gott Thor. In Sasbach ist vor Jahren dieser alte Brauch wieder aufgelebt und wird am Vorabend des Festes mit viel Begeisterung betrieben.

Der Peterstag gilt aber auch als der „Storchentag", weil der Storch ebenfalls als ein Vertilger des Ungeziefers ist und als Vorbote des Frühlings gilt und daher mit großer Freude begrüßt wird:

„Auf Sankt Peters Fest sucht der Storch sein Nest."
„Zu Petri Stuhlfeier kommen die Störche, zu Petri Kettenfeier (1.8.) gehen sie fort."

Mancherorts erhielt derjenige, der dem Ortsschulzen die Ankunft des Storches, der als Kinderbringer und Hausbeschützer vor Feuer und Blitz in hoher Verehrung stand, zuerst anzeigte, einen Gulden oder einen Laib Brot auf Gemeindekosten, denn das Storchengeklapper verkündete Glück und Wohlergehen. Daher wurden auch viele Gasthäuser jener Zeit „Zum Storchen" getauft.

Schließlich galt Sankt Peters Tag auch als Termin für den Auszug des Winters, der mancherorts als Strohmann verbrannt oder als lebendig verkleideter Wintersmann zum Dorf hinausgejagt wurde. Dazu wurde gelärmt, mit Peitschen geknallt und mit Schellen geklappert, um, ähnlich wie an Fastnacht, mit dem Winter auch die bösen Geister zu vertreiben; – und letztendlich den Frühling damit anzukündigen oder als Sprichwort: „St. Petri Stuhl den Frühling bringt".

WETTERREGELN

Ähnlich wie an Lichtmess lässt das Wetter des Peterstages Prognosen auf den Frühling zu. Alle Wettersprüche warnen vor Kälte an diesem Tag, weil dann ein Rückfall des Winters von langer Dauer zu erwarten ist:

„Wenn 's friert auf Petri Stuhlfeier, friert's noch vierzehn Mal heuer."

Noch weiter geht die Prognose:

„Wenn 's an Petri Stuhl noch friert, wohl vierzig Tag es frieren wird."

Etwas mehr Frühlingserwartung lässt eine frostige Petersnacht aufkommen, obwohl das nicht ganz logisch erscheint:

„Hat 's in der Petersnacht gefroren, dann lässt der Frost uns ungeschoren."

Wichtig war, dass am Peterstag das Eis auch in den Bächen und Seen schon geschmolzen war, dann sollte es für dieses Jahr nicht mehr gefrieren:

„Findet zu Petri Stuhlfeier der Storch die Bäche offen, so wird später auf ihnen kein Eis mehr angetroffen."

Doch wenn am 22. Februar Tauwetter herrscht und an Matthias (zwei Tage später) Frost auftritt, bedeutet das einen krassen Kälteeinbruch:

„Schließt Petrus auf und Mattheis zu, dann friert das Kalb noch in der Kuh."

Auch die ersten Saaten sollten zum Petersfest ausgebracht werden, obwohl das noch etwas früh anmutet:

„Ist Sankt Peter schön, soll man Kohl und Erbsen sä'n."

„Sankt Petri Kohl du pflanzen sollst, damit du ihn vor Raupen schonst."

Matthiastag (24. Februar)

Am 24. Februar feiert die Kirche das Fest des Apostel Matthias. Über sein Leben ist nur wenig bekannt. Als sicher gilt, dass er nach dem Ausscheiden des Verräters Judas Iskariot als zwölfter Apostel eingesetzt wurde.

Die Apostelgeschichte berichtet, dass nach der Himmelfahrt Jesu durch das Los unter zwei Bewerbern entschieden wurde, wer als Ersatz für den Verräter in den Kreis der Apostel aufgenommen werden solle, die Entscheidung fiel zugunsten des Matthias aus.

Geschichtliche Nachrichten über sein Wirken als Apostel existieren nicht. Vieles wurde durch Legenden weitergegeben. Diese verweisen neben Judäa als Wirkungsort auch auf die Landschaft Kolchis, die auch das „äußere Äthiopien“ (Aethiopia pontica) genannt wurde und östlich des Schwarzen Meeres lag, wo er die christliche Heilslehre verkündete. Andere Quellen nennen Macedonien als das Land, in dem er seine apostolische Laufbahn beendete.

Widersprüchlich sind die Angaben zu Art, Ort und Zeit seines Todes. In manchen Quellen heißt es, er sei eines natürlichen Todes gestorben. Andere Quellen künden von seinem Tod als Märtyrer am Kreuz; weitere nennen das Jahr 63, in dem er zunächst von den Heiden gesteinigt und dann mit dem Beil erschlagen worden sein soll. Einer anderen Überlieferung zufolge soll ihn nach vorübergehender Blendung und wunderbarer Wiedererlangung des Augenlichts der Apostel Andreas aus den Händen von Menschenfressern gerettet haben.

Seit der Überführung seiner Gebeine nach Trier nimmt der Apostel Matthias unter den deutschen Heiligen eine Sonderstellung ein, denn sein Grab ist das einzige Apostelgrab nördlich der Alpen.

Bauhandwerker, Zimmerleute, Schreiner, Schmiede, Metzger verehrten ihn als ihren Patron. Überdies wurde er als Beschützer vor Pocken, Keuchhusten und ehelicher Unfruchtbarkeit angerufen.

Auf manchen Bildern wurde der gelehrte Heilige mit Buch und Schriftrolle dargestellt. Doch weil das gläubige Volk von der überlieferten Marter der Steinigung und dem Tod durch das Henkerbeil am meisten beeindruckt war, setzte sich die Darstellung mit Schwert, Beil, Hellebarde oder auch mit Steinen durch.

Der Legende nach wurde er durch Heilungen, Bekehrungen und gelehrte Predigten berühmt. Insbesondere ermahnte er die Menschen, einander ein gutes Beispiel zu geben und füreinander zu beten. Einmal, so die Legende, reichten Heiden, die ihn auf die Probe stellen wollten, Matthias einen Becher mit Gift. Matthias nahm das Getränk zu sich, ohne den geringsten Schaden zu erleiden. Darüber hinaus soll er Blinde, Lahme und Taube geheilt haben. Schon im 2. Jahrhundert existierte eine nur bruchstückhaft erhaltene Evangelienschrift unter seinem Namen.

Ein regelrechter Matthiaskult entfaltete sich in Trier nach der Wiederauffindung der teilweise verschollenen Reliquien bei Abrissarbeiten des Vorgängerbaus der heutigen Abteikirche Sankt Matthias.

Brauchtum

Die Volksfrömmigkeit entwickelte zahlreiche Bräuche an seinem Gedenktag:

In der Matthias-Nacht legte man Efeu-Blätter ins Wasser, war eines am Morgen durchweicht, drohte in der Folge Krankheit. In Böhmen versuchte man durch magische Handlungen, wie das Schütteln der Obstbäume unter Geschrei, die Obsternte günstig zu beeinflussen. Auch verschiedene Orakel wurden in dieser Nacht angewendet: Beim Liebesorakel versuchte man einen Hinweis auf den künftigen „Schatz" zu erhalten. Auch wollte man per Orakel ergründen, ob der eigene Tod fern oder nahe sei.

Wetterregeln

Wie an allen Gedenktagen großer Heiliger gibt es zu Matthias eine große Fülle von bäuerlichen Spruchweisheiten, die großenteils Wetterorakel, aber auch durch Erfahrung gewonnene Feststellungen enthalten.

Weithin bekannt ist der Spruch:

„Mattheis bricht 's Eis, hat er keins, dann macht er eins."

Dies besagt, dass sich an diesem Termin ein Wetterumschwung vollzieht: War es bislang kalt, dann folgt Milderung, war es mild, ist erneut ein Frosteinbruch zu erwarten. Dasselbe meint auch mit anderen Worten:

„Matthias schließt die Erde auf oder zu."

Nicht erfreut sein dürfen die Menschen, die den Frühling ersehnen, wenn der Matthiastag mit Kälte kommt, denn dann lässt das Frühjahr noch lange auf sich warten:

„Ist 's an Sankt Matthias kalt, hat die Kält' noch lang Gewalt."

„Tritt Matthias stürmisch ein, wird bis Ostern Winter sein.",

„Wie 's Mattheis treibt, es vier Wochen bleibt."

Aus Obstgegenden stammt der Spruch:

„Sankt Matthias hab ich lieb, denn er gibt dem Baum den Trieb."

Ein Hinweis darauf, dass nun der Saft wieder zu steigen beginnt. Jetzt sollten die Winterarbeiten, wie das Schneiden der Bäume, dem Ende zu gehen.

März

Der März (lat. *mensis martius*) ist der dritte Monat des Julianischen und des Gregorianischen Kalenders mit 31 Tagen. Er entspricht dem nach dem Kriegsgott Mars benannten ersten Monat (Martius) des altrömischen Kalenders. Der März ist der Monat des Kampfes. Mit diesem Monat begann bei den Römern die Saison der Feldzüge: Die waffenfähigen römischen Bürger versammelten sich auf dem Marsfeld (Campus Martius) vor den Toren der Stadt, um gemustert zu werden. Der Monat März ist aber nicht nur der Monat des Kampfes, sondern auch des Umbruchs in der Natur: Der Frühling wird über den Winter siegen! So bedeutet der germanische Name „Lenzing", dass die Tage nun wieder länger werden. Das althochdeutsche Wort „Lengizinmanoth" oder die mittelhochdeutsche Bezeichnung „Lenzen" (in der Dichtkunst als „Frühlingswerden" benutzt), besagen ebenfalls, dass die Tageslänge zunimmt:

Benedikt von Nursia (21. März)

Der 21. März ist der Todestag des Heiligen Benedikt, als wundertätiger Heiliger hochverehrt, finden wir dieses Datum als Lostag auch im bäuerlichen Jahresverlauf.

Heute gilt Benedikt als Vater des abendländischen Mönchstum, als Begründer der klösterlichen Pflege und Friedensstifter. Ernannt 1964 zum Patron Europas durch Papst Paul VI., wurde der liturgische Festtag auf den 11.7. gelegt. Doch die traditionellen Wetterregeln beziehen sich weiterhin auf den Frühlingsanfang.

Die einzige erhaltene Quelle für das Leben des hl. Benedikt von Nursia und das erste Zeugnis für dessen Mönchsregeln sind die „Dialogi" Gregors des Großen (um 540-604). Daraus lässt sich folgern: Benedikt wurde um 480 bei Nursia in Umbrien geboren. Seine Zwillingsschwester war die später ebenfalls als Heilige verehrte Scholastika von Nursia; sie gilt als erste Benediktinerin.

Der heilige Benedikt gilt als Schutzpatron der Schüler und Lehrer, der Bergleute und Höhlenforscher, der Kupferschmiede und der Sterbenden. Ferner wird er gemäß der durch Legenden überlieferten Wunderzeichen angerufen als Schützer vor Pest, Fieber und Entzündungen, Nieren- und Gallensteinen, Vergiftung und Zauberei.

Die Natur erwacht: Blaumeise, Küchenschellen, Farn und Haselnuss.

Dargestellt wird der Heilige im Mönchsgewand mit den Symbolen Kelch, aus dem eine Schlange entweicht, Pelikan, Rabe, Sieb und dem Buch mit den Ordensregeln.

Um das Leben des Heiligen, dem zahlreiche Wunder nachgesagt werden, rankt sich eine Menge von Legenden, die ihn nicht nur als „Benedictus" (= Gesegneter) ausweisen, sondern von dem auch in vielfältiger Form Segen ausgeht.

Als junger Mann wurde Benedikt zum Studium nach Rom geschickt.

Entsetzt über den wirtschaftlichen, kulturellen und moralischen Verfall in Rom brach er sein Studium bald ab, „verließ die Welt" und schloss sich zunächst einer Asketengemeinschaft in Enfide in den Sabiner Bergen nahe Rom an. Dann zog er sich in eine unbewohnte Gegend im Aniotal nahe Subiaco zurück, wo er drei Jahre als Einsiedler in einer Höhle lebte, die später „Heilige Grotte" genannt wurde. Hier wuchs Benedikts Ruf als Heiliger, sodass ihn die Mönche von Vicovaro bei Tivoli zu ihrem Abt wählten. Doch nach der Überlieferung waren die Mönche mit seinen Ordensregeln nicht einverstanden und versuchten ihn durch mehrere Giftanschläge zu beseitigen.

Mit einigen Mönchen zog er dann um 529 auf den Berg Monte Cassino, wo er für seine Ordensgemeinschaft an heidnischer Kultstätte ein Kloster und eine Kirche erbaute. Am Gründonnerstag, dem 21. März 547, soll er während des Gottesdienstes verstorben sein. Sein Leichnam wurde anfangs auf Montecassino neben seiner Schwester Scholastika begraben, später aber nach Frankreich überführt und in der berühmten Benediktiner-Abtei Fleury beigesetzt.

Im Kloster Montecassino schrieb er seine berühmte „Regula Benedicti". Eine umfassende und überzeugende Ordensregel, die sich für einen großen Weitblick und Sinn für das Wesentliche auszeichnet und die Papst Gregor der Große in der römischen Kirche für verbindlich erklärte. Die Regel besteht aus Vorrede und 73 Kapiteln und gibt mit dieser, der sogenannten Benediktusregel, die monastische Autarkie vor.

So heißt es im Kapitel 66: „Das Kloster soll, wenn möglich, so angelegt werden; das sich alles Notwendige, nämlich Wasser, Mühle und Garten, innerhalb des Klosters befindet und die verschiedenen Arten des Handwerks dort ausgeübt werden können. Das Kapitel 36 legt die Sorge für die Kranken fest.

Auch widmete Benedikt den Nöten der einheimischen Bevölkerung viel Zeit; er verteilte Almosen und Nahrung an die Bedürftigen, ja sogar Heilungen und Totenerweckungen wurden ihm zugeschrieben.

Der heute geflügelte Satz „ora et labora" ist eigentliche eine Verkürzung und sollte heißen „ora et labora et lege" – „Bete und arbeite und lies."

Nach dieser Devise weilten die Mönche nicht nur meditierend und betend hinter Klostermauern und betätigten sich neben der

Seelsorge als Handwerker und Landwirte, sondern Benedikts Anweisung gab auch vor, Mitbrüder und Mitschwestern zum Heilen auszubilden, um Kranken zu helfen. Das Gebot zur Krankenpflege in Benedikts Ordensregel und die Alphabetisierung der Mönche halfen, die Entwicklung der Klostermedizin zu fördern und führte zur Entstehung der Klosterheilkunde, die vor allem aus der Kräuterheilkunde entstand. Um sich das medizinische Wissen anzueignen, lasen die Benediktinermönche die Schriften bedeutender griechischer und römischer Ärzte. Das älteste erhaltene Buch zur Klostermedizin im deutsprachigen Raum ist das Lorschner Arzneibuch, eine Handschrift der Benediktinerabtei Lorsch aus der Zeit Karls des Großen (um 795).

Die Visionen der Benediktiner, ein Leben in Einklang mit der Schöpfung zu führen und für die kommenden Generationen zu erhalten gemäß der Regula Benedicti besitzen noch heute in benediktinischen Klöstern Geltung, wie z. B. in der Benediktinerabtei Münsterschwarzach.

Brauchtum

Frühere Bräuche, die sich um den Heiligen ranken, sind das Läuten von „Benedikt-Schellen", um böse Geister von sterbenden Menschen fernzuhalten. „Benedikt-Medaillen" hängte man sich als Schutz vor Unwettern und für die Heilung von Mensch und Tier um den Hals.

Wetterregeln

Da Benedikts Gedenktag (Sterbetag) unmittelbar am Frühlingsbeginn liegt, war dieser auch ein wichtiger Lostag für die ländliche Bevölkerung, denn im Frühjahr werden die Weichen für das bäuerliche Jahr gestellt. Vor allem zahlreiche Saatregeln für Garten und Feld verbinden sich mit diesem Heiligen:

Bringt Benedikt warme Frühlingsluft der Pflanzenwelt, auch der Sommer dem Bauer mit Wärme gefällt."

Wohin das Wetter zu Benedikt sich neigt, dorthin auch der Sommer zeigt."

„Der Benedikt leitet deine Hand, säest du mit ihm die Frucht ins Land."

„Soll das Korn gar üppig steh'n, so soll man es an St. Benedikt sä'n."

„Benedikt macht Zwiebeln dick."

„Willst Gerste, Erbsen, Zwiebeln dick, so sä' sie an Sankt Benedikt!"

April

April (lat. *mensis aprilis*), der vierte Monat des Julianischen und Gregorianischen Kalenders mit 30 Tagen, ist laut Brockhaus Enzyklopädie wahrscheinlich aus einer von etruskisch „aprodita“ (Aphrodite) abgeleiteten Kurzform „aprü(n)“ entstanden oder als ursprünglich zweiter Monat zu Sanskrit apara „folgender“. Ebenso könnte sich der Name aber auch vom lateinischen Wort „aperire“ (= öffnen) ableiten und somit sich metapherhaft auf das Öffnen der Knospen, der Blüten beziehen – Auferstehung der Natur. Nach Ovids Fasti (poetischer Festkalender) ist der April der Venus-Monat, sein Name leitet sich etymologisch von Aphrodite her. In Versen beschreibt er den April als Monat, der die Erde, die Knospen und die Blüten ebenso öffnet wie die Herzen der Menschen. Weitere alte Namen wie „Ostaramanoth“ (altgermanisch), der sich von der Germanengöttin Ostara, Göttin des aufsteigenden Sonnenlichts oder Göttin der Morgenröte ableitet, oder „Launing“ (von der Launenhaftigkeit des Aprils) oder „Knospenmonat“, „Keimmonat“, „Ostermonat“, „Gauchmonat“ (Kuckuck lässt sich als Bote des Frühlings hören), sind aus Überlieferungen bekannt:

„Wohl 100-mal schlägt das Wetter um, das ist des Aprils Privilegium“.

Palmsonntag

Der Palmsonntag als sechster und letzter Fastensonntag leitet unter dem lateinischen Namen „Dominica Palmarum“ die Karwoche ein.

Die Palmen verweisen auf den biblischen Text vom Einzug Jesu in Jerusalem. Wie bereits in den ersten nachchristlichen Jahrhunderten kommt es auch heute noch zu szenischen Feiern in den katholischen Kirchen, wie etwa Palmweihe und Palmprozession.

Unter den christlichen Feiertagen ist es wohl der einzige, dessen Namensgebung sich unmittelbar auf einen Baum bezieht, wenn auch in unseren Breiten an die Stelle der südländischen Palmen einheimische Gehölze, wie Buchsbaum, Stechpalme und Weidenkätzchen getreten sind.

Brauchtum

Wurden zur Zeit unserer Eltern und Großeltern die Palmen nur von Jungen an möglichst hohen Stangen getragen, so ziehen heute Gläubige beiderlei Geschlechts und aller Altersgruppen mit Palmsträußen in die Kirche ein. Die Palmen hatten und haben in den verschiedenen Regionen unterschiedliches Aussehen.

Der traditionelle mittelbadische „Palmen" bestand früher – heute gibt es Abweichungen – aus sieben Pflanzen, denen besondere Gesundheits- oder Zauberwirkung nachgesagt wurden, sodass Glaube und Aberglaube, wie so oft, eng beisammen lagen. Der schon von den Römern zur Abwehr des Blitzes gebrauchte Buchs, die Stechpalme als Symbol für den Lanzenstich am Kreuz und ob seiner Heilkraft waren die grundlegenden Bestandteile des Palmens. Sefel (eine giftige Wacholderart) – von den Mittelbadenern auch Sävel genannt – galt als Mittel gegen den bösen Blick und zur Abwehr der Hexen. Als Zeichen der göttlichen Dreifaltigkeit wurden in die Palmbüschel drei Kreuze gesteckt, die aus Holunderröhrchen und Haselstecken

Früher wurden die „Palmen" nur von Jungen getragen.

gefertigt waren. Auch diese beiden Pflanzen galten als Abwehrmittel gegen Zauberei und dämonische Kräfte sowie speziell der Holunder als bedeutende Heilpflanze. Ein siebtes Holz konnte nach den Aufzeichnungen von Franz Karl Maurath aus Pfaffenkäppli (Pfaffenhütchen, Heberholz, Hinschring (Solanum) und Wacholder ausgewählt werden. Für jeden Vater oder Großvater war es Ehrenpflicht, seinem Bübchen am Palmsamstag einen schönen Palmen zu binden. Die Zutaten wurden von den Buben in Wald und Feld geschnitten oder von Verwandten und Nachbarn erbeten.

Nach der Palmweihe zogen die Palmträger in einer Prozession um die Kirche. Nach dem Gottesdienst wurden die geweihten Palmbüschel stolz nach Hause getragen und im Eingangsbereich zur Schau gestellt. Den geweihten Palmzweigen wurden besondere Segenskräfte beigemessen, und daher wurden alle Bestandteile „verwertet“: Ein Sträußchen kam ins „Herrgottseck“, ein anderes unter den Dachfirst oder auch in Stall und Scheune, als Schutz vor Feuer, Blitz und Unwetter und schließlich eines aufs Feld, zur Abwehr von Hagel und für eine reiche Ernte.

Auch Großeltern, Paten und Nachbarn wurden mit geweihten Palmzweigen bedacht in der Hoffnung auf ein kleines Geschenk oder Trinkgeld. Ein Palmzweig am Kopfende des Bettes sollte vor Schlaflosigkeit schützen. Auch dem Vieh wurde eine Handvoll geweihter Palmkätzchen unter das Futter gemischt. Andernorts wurden diese Weidekätzchen ins Wasser gestellt, damit sie knospen und grünen als Symbol des nun anbrechenden Frühlings. Um all diese Funktionen erfüllen zu können, bedurfte es schon eines großen Palmbüschels. Die ausgedienten Palmstangen wurden in der Regel zu Holz für das Osterfeuer klein geschnitten.

Den früher im süddeutschen Raum, vor allem aber in Bayern, gepflegten Brauch – in Anlehnung an den Esel, auf dem Christus beim Einzug nach Jerusalem ritt – einen Esel in der Palmprozession durchs Dorf oder um die Kirche zu führen, schafften die Kirchenoberen ab, da der religiöse Sinn mehr und mehr verloren ging und vielmehr in eine des religiösen Inhalts unwürdige Volksbelustigung ausartete. In manchen Orten entwickelte sich der Eselsritt durch das Dorf zu einem Heischebrauch, indem die Jugend den Esel von Haus zu Haus begleitete und Gaben einsammelte. Auch diese Sitte konnte sich wegen der damit einhergehenden Belästigungen nicht halten.

WETTERREGELN

Auch zu Palmsonntag gab es Wetterregeln, obwohl es sich um einen beweglichen Feiertag handelt, der an kein festes Datum geknüpft ist. Als positiv wurde klares, sonniges Wetter gesehen, weil dann günstige Ernteaussichten bestanden:

„Ist Palmsonntag hell und klar, wird es geben ein fruchtbar' Jahr."

„Kommen am Palmtag die Palmen trocken ins Haus, so kommen auch die Garben im Sommer trocken in die Scheune."

Kartage

Mit den Kartagen Gründonnerstag, Karfreitag und Karsamstag, dem sogenannten „Triduum sacrum" (drei heilige Tage) erreicht die 40-tägige Fastenzeit ihren Höhepunkt. Für die Christenheit gehören diese drei Feiertage zusammen: Steht doch dahinter die Überzeugung, dass Leiden, Tod und Auferstehung Christi in ihrer Bedeutung nicht voneinander zu trennen sind. Wer als Christ „richtig" Ostern feiern will, geht in den Kartagen täglich zur Kirche.

„Kar" stammt von dem althochdeutschen Wort „kara" oder „chara" ab und bedeutet so viel wie Trauer, Kummer, Klage. An diesen Tagen der Trauer über das Leiden und den Tod des Herrn gab und gibt es strikte Speiseregeln, vor allem in Klöstern.

BRAUCHTUM

Es wurde in der Woche vor Ostern noch strenger gefastet, als dies seit Aschermittwoch angesagt war. An Stelle des Fleisches, das ab dem Aschermittwoch vom häuslichen Tisch verschwunden war, griff man vor allem zu Suppen und Gemüsegerichten. Da in dieser Zeit jedoch noch kein frisches Gemüse zur Verfügung stand, mussten auf die im Keller gelagerten Vorräte zurückgegriffen werden, zum Beispiel saure Rüben und Sauerkraut. Auch die grünen Bohnen waren im Tonkrug eingesalzen worden und fanden nun dankbare Esser. Die im Herbst ausgemachten Bohnen, die „Rollbohnen", kamen nun abgekocht oder geschmälzt auf den Fastentisch ebenso wie die eingelegten Eier und als Nachtisch Dörrobst. Der beste Fleischersatz waren, und sind bis heute, Fischgerichte.

Gründonnerstag

Die Bezeichnung „Gründonnerstag“ findet sich nur im deutschen Sprachraum, in den romanischen Ländern wird die Karwoche „Heilige Woche“ und entsprechend der Gründonnerstag „Heiliger Donnerstag“ (ital. giovedì santo) genannt.

Zur Herkunft der deutschen Bezeichnung gibt es verschiedene Erklärungen. Die volkstümliche Herleitung aus der Farbe „Grün“ geht zurück auf den Jahrhunderte alten Brauch, am Gründonnerstag vor allem Grünes auf den Tisch zu bringen: Kohl, Salat, Spinat, Brennnesseln und anderes. Eine weitere Erklärung bezieht sich auf die liturgische Farbe „Grün“, denn vor dem 16. Jahrhundert trat der Priester am Gründonnerstag grundsätzlich in grünem Messgewand an den Altar, heute trägt er Weiß. Die wahrscheinlichste Herleitung kommt vom „Greinen“ (Weinen) der Büßer in der Urkirche.

BRAUCHTUM

In der Liturgiefeier dieses Tages gedenken die Christen des letzten Abendmahls und damit der Einsetzung der Eucharistie. Der Gottesdienst beginnt festlich bis zum feierlich gesungenen „Gloria“, das von Glockengeläut und Orgel begleitet wird. Nach diesem Lobpreis verstummen sowohl die Glocken als auch die Orgel als auch die Schellen der Ministranten bis zum „Gloria“ der Osternachtfeier. Sie werden durch die „Ratschen“ (Klappergeräte) der Messdiener ersetzt. Im Volksmund heißt es, die Kirchenglocken seien nach Rom geflogen, um vom Papst erneut geweiht zu werden. In manchen Pfarreien wäscht der Priester nach dem Vorbild Jesu zwölf Laien symbolisch die Füße und verdeutlicht damit, dass das kirchliche Amt als Dienst an den Gläubigen zu verstehen sei.

In Bischofskirchen findet in der Gründonnerstags-Liturgie die Weihe der heiligen Öle zur Spendung verschiedener Sakramente statt. Nach der Messfeier wird in katholischen Kirchen das Allerheiligste in feierlicher Prozession vom Hauptaltar zu einem Seitenaltar gebracht und jeglicher Schmuck und die Altartücher von den Altären entfernt. Dies soll Trauer symbolisieren und an die Überlieferung erinnern, dass Jesus vor der Kreuzigung die Kleider vom Leib gerissen wurden. Nach der Eucharistiefeier gibt es in manchen Pfarreien in Anlehnung an die Nachtwache der Jünger Jesu am Ölberg Betstunden oder Gebetswachen in der Kirche, die bis zum Morgengrauen dauern können.

Zur Erinnerung an das biblische Abendmahl treffen sich die Gläubigen mancherorts nach dem Gottesdienst zur gemeinsamen „Agape“ (Liebesmahlfeier). Da der Gründonnerstag durch die Einsetzung der Eucharistie im letzten Abendmahl einen hohen Stellenwert im Kirchenjahr haben müsste, jedoch durch die Trauer und Mitfeier der Passion Jesu Christi keine liturgische Prachtentfaltung duldet, hat die Kirche im 13. Jahrhundert ein zweites eucharistisches Hochfest eingesetzt, nämlich das Fronleichnamsfest zehn Tage nach Pfingsten, das bis heute in den katholischen Kirchen gefeiert wird.

Vielfältig ist das Brauchtum an diesem Kartag. Die am Gründonnerstag gelegten Eier sollten am Ostersonntag geweiht und gegessen werden. Das Verspeisen (mancherorts mit Schalen) sollte vor Kreuzschmerzen, Leistenbruch und Schlangenbissen schützen. Vergrub man eines dieser Eier im Acker, bedeutete dies Fruchtbarkeit, deponierte man es im Stall, war das Vieh vor Krankheit geschützt. Innerhalb des Hauses bewahrte das Gründonnerstags-Ei vor Blitz und Naturgewalten. Ein Gründonnerstagsei, am Bachufer vergraben, bedeutete Schutz vor Überschwemmung.

Zarte Pflanzen auf kräftig gefärbten Eiern und alles aus der Natur. An den Kartagen wurden meist die Eier für Ostern bunt gefärbt

WETTERREGELN

Der Gründonnerstag war auch für Garten- und Feldarbeiten ein wichtiger Termin:
„Was an Gründonnerstag gesät, in Feld und Garten wohl gerät."
„Wer sehr gerne Erbsen mag, sä' sie am Gründonnerstag."
Bei einem frühen Ostertermin oder bei entsprechender Höhenlage konnte es am Gründonnerstag durchaus noch schneien. Die Bauern waren darüber gar nicht unglücklich, denn dann war ein heißer Sommer zu erwarten:
„Ist der Gründonnerstag weiß, wird der Sommer sicher heiß."

Karfreitag

Der Karfreitag (mittelhochdeutsch „karvrïtac" („kar") zu alt hochdeutsch „chara" („kara", von germanisch „karō") „Kummer, Trauer, Wehklage) ist der christlichen Überlieferung nach der Todestag Jesu. An diesem Tag fanden der Prozess, die Hinrichtung und die Beerdigung Jesu in Jerusalem statt. In der Bibel finden sich in allen vier Evangelien die Abläufe und Ereignisse dieses Tages.

In der evangelischen Kirche ist der Todestag Jesu der höchste Feiertag des Jahres, denn die Erlösung von Sünde und Schuld des Menschen hat im lutherischen Protestantismus zentrale Bedeutung für den Glauben.

In der katholischen Kirche findet an diesem Tag keine gewöhnliche Messe statt. Nachmittags um drei Uhr, zu Christi Todesstunde, versammeln sich die Christen zum Wortgottesdienst mit Verlesung der Passionsgeschichte, zur Kreuzverehrung und der anschließenden Kommunionfeier. Abends wird wieder häufig die Trauermette abgehalten, ein Stück aus dem Stundengebet der Kirche.

BRAUCHTUM

Seit dem 10. Jahrhundert wurden in den Kirchen am Karfreitag zur Andacht Heilige Gräber aufgebaut. Dieses Brauchtum hielt sich auch in Mittelbaden bis in die Zeit unserer Eltern und Großeltern. Ein besonders schönes und kunstvolles Heiliges Grab (Kenotaph) gab es in Unzhurst. Es war nach Angaben von Franz Karl Maurath ein Anziehungspunkt für Kinder und Erwachsene aus der ganzen Umgebung. Das Heilige Grab wurde am Nachmittag des Karfreitags und am Karsamstag unter Gebet besichtigt. Betstunden zogen sich bis zur Trauermette hin.

Die Bräuche, die die Menschen zu Karfreitag vollzogen, waren äußerst vielfältig. Besonders auf dem Land galten zahlreiche Verbote. Weil die belebte und die unbelebte Natur an der allgemeinen Trauer teilnehmen sollte, unterblieben alle geräuschvollen Arbeiten, vor allem das Graben und Pflügen, um den Herrn nicht im Grab zu stören. Handwerker arbeiteten vor allem nicht mit Werkzeugen aus Eisen. Zange, Nägel und Hammer waren tabu, sie waren ja die Marterwerkzeuge Christi. Es durfte auch keine Wäsche draußen hängen, denn das hätte Unglück bedeutet. Es war Brauch, das Herdfeuer zu löschen, um es mit dem Osterfeuer wieder neu zu entfachen. Die Männer durften nicht ins Wirtshaus gehen und die Kinder nicht laut und fröhlich spielen. Da an diesem Tag jeder Gläubige zu strengstem Fasten aufgerufen war, sollte nur einmal am Tag – und zwar fleischlos – gegessen werden (Fast- und Abstinenztag). Als Karfreitagsessen hat sich seit langem der Fisch in allen Variationen durchgesetzt. Früher wurde als klassische Karfreitagsspeise gesalzener Kabeljau, getrockneter Kabeljau, Stockfisch oder Klippfisch verzehrt.

Das Karfreitagswasser, am fließenden Bach vor Sonnenaufgang gegen den Strom geschöpft, sollte besondere Heilkraft besitzen. Von geheilten Hautkrankheiten bis zum Verschwinden von Sommersprossen kann man in alten Aufzeichnungen lesen. Besondere Kräfte sprach man den am Karfreitag gelegten Eiern zu: Sie sollten durch den Verzehr die Schulkinder schlau machen. In manchem Haus wurde an diesem Tag nichts getrunken, weil auch Jesus am Kreuz Durst litt: „Am Karfreitag zu dürsten, sollte das ganze Jahr über vor Schaden durch Trunk bewahren".

Es sind aber auch finstere Deutungen von Verhaltensweisen am Karfreitag überliefert:

„Wer singt oder lustig ist am Todestag Jesu, soll einen Sarg im Hause sehen."

„Wer in der Erde gräbt, soll sein eigenes Grab andeuten, und wer sein Haus nicht gefegt und gesäubert hat, soll sich im Rest des Jahres vor Ungeziefer nicht zu retten wissen."

„Eine Weidengerte, am Karfreitag geschnitten, soll die Wirkung einer Wünschelrute haben und vergrabene Schätze offenbaren."

„Wer um Mitternacht einen Bibelspruch aufschlägt, soll darin eine Verheißung für das Jahr finden."

Dass an so einem bedeutsamen Fest auch das Wetter sorgfältig beobachtet wurde, liegt auf der Hand. Die Wetterregeln des Karfreitags sind eindeutig:

WETTERREGELN

„Karfreitagsregen kommt ungelegen."
„Wie der Wind an Karfreitag weht, so er das ganze Jahr über steht."
„Zu Karfreitag Sonnenschein bringet reiche Ernte ein."

Karsamstag

Karsamstag ist der Tag der Grabesruhe. Mit diesem Tag endet die vierzigtägige Fastenzeit.

Der Sabbat als der jüdische Ruhetag verlangte die Beisetzung Jesu noch am Freitag, unmittelbar nach seinem Tod. Wachposten mussten sein Grab bewachen, da Jesus seine Auferstehung vorhergesagt hatte. Dem galt es vorzubeugen. Für die Jünger Jesu war der Karsamstag ein Tag tiefer Depression. Die Auferstehung aber zeigte, dass trotz aller Hoffnungslosigkeit das Leben weiterging. Auch heute noch kommen die Christen in der Osternacht oder am frühen Ostermorgen in der Kirche zusammen in dem Bewusstsein: Christus ist auferstanden.

BRAUCHTUM

Die katholische Liturgiefeier beginnt mit dem Entzünden und der Weihe des Osterfeuers, von dem die Flamme für die Osterkerze genommen und in der Kirche an die Gläubigen verteilt wird, die es in Form einer brennenden Kerze in ihre Häuser tragen. Auch das Osterwasser, das im Karsamstagsgottesdienst feierlich geweiht wird, steckt voller Symbolkraft. Es ist das Taufwasser, mit dem das Jahr über oder gleich schon in der Osternacht-Liturgie die Täuflinge begossen werden als Symbol eines neuen Lebens in Christus.

Mit dem freudigen „Gloria" erstrahlt im Osternachtgottesdienst die Kirche wieder in festlichem Glanz mit Blumen und Kerzen, auch die „aus Rom zurückgekehrten" Glocken läuten wieder, und die Messdiener greifen nun wieder zur Schelle anstelle der Ratschen, und der Organist lässt die Orgel festlich erschallen.

Vom geweihten Osterwasser nahmen die Christen früherer Zeit – in manchen Gegenden auch noch heute – in Gefäßen eine größere oder kleinere Menge mit nach Hause. Mensch und Tier erhielten davon einen Schluck, um Krankheit und Unglück fernzuhalten. In Mittelbaden wurden auch Gärten und Felder damit besprengt, um Wachstum und Gedeihen zu bewirken. Der größere Rest wurde aufbewahrt, um übers Jahr bei Krankheit davon zu trinken.

Aber auch das Osterwasser am Brunnen oder in freier Natur hatte unter Erfüllung bestimmter Bedingungen eine heilsame Wirkung. Insbesondere in der Osternacht zwischen elf und zwölf Uhr, spätestens jedoch vor Sonnenaufgang, sollte es geschöpft werden. Während des gesamten Vorgangs durfte kein Wort gesprochen werden. Da das Wasser dieser Nacht nicht nur Gesundheit, sondern auch Schönheit und Jugendfrische versprach, machten vor allem junge und „ältere" Mädchen davon Gebrauch. Eine besondere Wirkung konnten sich diejenigen versprechen, die das Wasser während des ersten Läutens der Osterglocken schöpften; sie bekamen angeblich während des ganzen Jahres keine Warzen und Hautkrankheiten. Ins Haus gesprengt, schützte dieses Wasser auch gegen allerlei Ungeziefer, wie Flöhe und Wanzen.

Da der Karsamstag zwar der Tag der Grabesruhe Jesu, aber kein eigentlicher Feiertag war, beschäftigten sich die Menschen im Haus mit den Vorbereitungen für das Osterfest. Die Kinder bastelten Osterschmuck und Osternester, die Hausfrauen backten ein köstliches Osterlamm, einen Osterzopf oder eine Ostertorte, oder sie färbten abgesondert von der Neugier der Kinder die Ostereier.

Wenig Arbeitseinsatz hatten die männlichen Hausbewohner, denn am Tag der Grabesruhe, vielleicht auch in Anlehnung an den jüdischen Sabbat als Ruhetag, durften keine lauten oder schweren Arbeiten verrichtet werden; sie durften sich um die Aussaat von Erbsen kümmern, denn am Karsamstag gesät, versprachen sie üppiges Wachstum. Wenn sie abergläubisch genug waren, nagelten sie ein Hufeisen an die Tür, nach oben geöffnet, damit das erwartete Glück nicht herausfallen konnte.

Ostern

Ostern, die christliche Gedächtnisfeier der Auferstehung Jesu Christi, das älteste Fest der Christenheit und Höhepunkt des Kirchenjahres, wird seit dem Konzil von Nizäa (325) immer am Sonntag nach dem ersten Frühlingsvollmond gefeiert, also frühestens am 22. März und spätestens am 25. April. Da dieses Ereignis nach der Überlieferung der Bibel in einer Pessachwoche stattfand, richtet sich das Osterdatum seitdem nach diesem beweglichen jüdischen Hauptfest.

Die Herkunft des Namens „Ostern" ist nicht sicher geklärt. Etymologisch gibt es verschiedene Lösungsansätze: Die Brockhaus-Enzyklopädie leitet das Wort Ostern vom althochdeutschen „ōstarun" ab, Name eines heidnischen Frühlingsfestes und einer heidnischen Frühlingsgöttin, die in altenglischen Texten als „Eostrae" überliefert ist. Stammesgeschichtlich verwandt u. a. mit griechisch héōs, lateinisch aurora „Göttin der Morgenröte, wurde die „Morgenröte" wegen der Entdeckung des leeren Grabes Jesu „früh am Morgen, als eben die Sonne aufging", Symbol der Auferstehung Christi.

Die Bezeichnung des Festes in den romanischen Sprachen (ital.: Pasqua, span.: Pascua, franz.: Pâque) ist vom jüdischen Paschafest herzuleiten, da nach dem Neuen Testament die Kreuzigung und Auferstehung Jesu Christi in die Paschawoche fielen.

Mit dem Ostersonntag beginnt auch die „österliche Freudenzeit", die fünfzig Tage bis einschließlich Pfingsten dauert. Lange bevor das Christentum sich ausgebreitet hatte, feierte man dieses Fest als das Fest des Frühlingsanfangs. Denn auch die Natur feiert in diesen Tagen Auferstehung und als Symbol für die Fruchtbarkeit und die Erneuerung der Natur färbten schon die Perser und Ägypter Eier zum Fest. Auch der Osterhase ist ein uraltes Symbol: In altägyptischen Legenden gibt es viele Zusammenhänge zwischen dem sehr fruchtbaren Hasen und dem neu erwachenden Frühling. Aber warum der Osterhase die Eier legt, bleibt wohl weiterhin ein Geheimnis.

Neben dem Osterhasen ist das Osterlamm ein weiteres bekanntes Symbol. Im Alten und Neuen Testament steht das unschuldige reine Lamm für den Erlöser, das „Lamm Gottes". Über die Entwicklung des Osterlamms zum Osterhasen wurde folgende volkstümliche Theorie überliefert: Ein misslungenes Ostergebildebrot, das ein Osterlamm darstellen sollte, wurde durch die Unbeholfenheit des Bäckers oder durch einen technischen Mangel des Backofens so verformt, dass

Hase oder Lamm? Zu Ostern gibt es so viel köstliches Gebäcke, dass darüber selten nachgedacht wird.

das Gebilde mehr einem Hasen als einem Lamm ähnelte. Eine andere These geht davon aus, dass der Osterhase eine „evangelische Erfindung“ sei, ähnlich dem Adventskranz.

Brauchtum

Zur Zeit unserer Vorfahren spielten beide Tiersymbole eine wichtige Rolle. Das Osterlamm wurde in Backformen aus Kuchenteig hergestellt und am Ostertag verzehrt oder von den Paten an ihre Taufkinder verschenkt. Der Osterhase mit seinen bunten Eiern hat sich letztlich durchgesetzt: Die Kinder bereiteten in den Tagen vor Ostern mit viel Eifer ein schönes Hasengärtchen im Hof oder Garten, dessen viereckige oder runde Form mit einem Zaun von geschälten in den Boden gesteckten Stöckchen gebildet wurde. Dieses Osternest wurde ausgelegt mit Moos, Heu oder Holzwolle, damit der Osterhase sich beim Eierlegen wohlfühlte und entsprechend viele Eier hinterließ. Aber auch das Suchen der versteckten Eier ist an Ostern ein fröhlicher Brauch für die Kinder.

Und damals wie heute warten die Kleinen ungeduldig auf das Rufen der Mutter: „Der Osterhas hat g'legt!“ Aber es gab und gibt auch Zweifler unter den Kindern, das belegt Franz Karl Maurath mit den Versen:

I weiß was, i weiß was.
's Bibbele isch der Has,
d' Mutter färbt d' Eier
und legt sie ins Gras;
des isch der Osterhas!“

Dass man nicht an das Geheimnis vom Hasen glauben musste und dennoch davon profitierte, belegt die Tatsache, dass früher auch der Pfarrer von den Kommunionkindern seine Ostereier bekam, wie auch der Kaminfeger in seinem Zylinder diese Gaben einsammelte. Die Osterzeit dauerte in diesem Fall recht lange: Die Messdiener, die in der Karwoche in der Kirche sehr gefordert waren, sammelten im Dorf ganze Körbe voll weißer Hühnereier, verkauften sie dann und durften den Gewinn unter sich aufteilen. Auch die Handwerksburschen und der Schweinehirt gingen in der Osterzeit nicht leer aus.

In vielen Naturreligionen gilt das Ur-Ei als geheimnisvoller Ursprung aller Dinge, als Wunder des Werdens schlechthin. Die Griechen sahen im Ei etwas Metaphysisches, nämlich ein Sinnbild der vier Elemente: Die Schale entsprach der Erde, das Eiklar dem Wasser, der Dotter dem Feuer und die Luftblase unter der Schale der Luft. Überall war es ein Symbol des Lebens, sogar des ewigen Lebens. Die Etrusker gaben ihren Toten ein Ei in die Hand, um ihr Weiterleben im Jenseits zu sichern. Dieses Lebensei wurde auch häufig bemalt wie unser Osterei.

Im ostdeutschen Raum wurden Osterprozessionen und Osterritte durchgeführt. Die Reiter umrundeten die Kirche, besuchten den Friedhof, um den Verstorbenen den Erlöser anzusagen, und ritten in die Nachbardörfer, um dort die Auferstehungsbotschaft zu verkünden.

Ein auf das Mittelalter zurückgehender in der Osterliturgie verankerter Brauch, der allerdings in späteren Zeiten aus Pietätsgründen wieder abgeschafft wurde, war das „Osterlachen“. An Ostern reicherte der Pfarrer seine Predigt mit Witzen und komischen Geschichten an, um seine „Schäfchen“ zum Lachen zu bringen.

Nach einer anderen Überlieferung gingen junge Mädchen am Ostermorgen bei Sonnenaufgang Osterwasser schöpfen, das sie als von Gott geweihtes Wasser streng hüteten. An Ostern sollte man keinen Armen von der Tür weisen und nicht versäumen, ein Gebet im Freien zu verrichten. Die Einhaltung dieser Riten sicherte das persönliche Wohlergehen. Auch sollte man die Eier, die die Hühner am Ostertag legten, zu Kuchen verbacken und diesen mit Bekannten verzehren, damit man gesund bleibt.

Mit den Ostereiern wurde in Mittelbaden häufig von den Kindern – früher auch von jungen Burschen in einem Kreis von Beifall spendenden Zuschauern – das „Eierpicken“ gespielt: Dabei traten zwei Spieler gegeneinander an. Auf ein Zeichen hin stießen sie die hart gesottenen Eier mit den spitzeren Seiten gegeneinander. Wessen Ei dabei unversehrt blieb, der hatte gewonnen und war der „Eierkönig“.

Wetterregeln

Obwohl Ostern ein beweglicher Feiertag ist, so galt er schon wegen seiner christlichen Bedeutung als wichtiger Lostag für das Wetter. Allerdings kann es Petrus an diesem Tag offensichtlich keinem recht machen, denn die Regeln sind recht widersprüchlich: Die einen wünschen Regen, die andern Sonnenschein, um ein gutes Erntejahr zu erhalten:

„Wenn es regnet am Ostertag, so gerät dürres Futter, so heißt die Sag'."
„Regnet 's in die Osterglocken, wird das Frühjahr nass statt trocken."
„Wenn zu Ostern die Sonne scheint, sitzt der Bauer am Speicher und weint."
Wind, der an Ostern weht, dient zu langfristigen Wetterprognosen:
„Woher der Wind am Ostermorgen weht, daher er fast das ganze Jahr geht."
„Wind, der von Ostern bis Pfingsten regiert, im ganzen Jahr sich wenig verliert."

Georgstag (23.4.)

Der 23. April ist im Kirchenkalender der Festtag des heiligen Georg, des frühchristlichen Märtyrers aus Kappadokien.

Den Märtyrertod erlitt Georg der Überlieferung nach am 23. April 303 unter dem römischen Kaiser Diokletian. Im Laufe der Jahrhunderte wurde er zu einem der beliebtesten Heiligen des Christentums. Er zählt zu den 14 Nothelfern und ist Patron zahlreicher Kirchen, Städte, Adelsgeschlechter und seit der Synode von Oxford (1222) Schutzpatron von England. Richard Löwenherz erkor ihn zu seinem persönlichen Schutzheiligen wie auch später weltweit die Pfadfinder.

Auf bildlichen Darstellungen wird Georg meist hoch zu Ross als Ritter mit Lanze und Schild, eine weiße Fahne mit rotem Kreuz schwingend, den Drachen durchbohrend dargestellt. Der Sieg über den Drachen wird als Symbol des Sieges über das Heidentum gedeutet.

Um das Leben dieses beliebten Volksheiligen rankt sich ein Kranz von frommen Legenden, von denen die Drachenlegende, die allerdings erst etwa 800 Jahre nach seinem Märtyrertod entstand, die populärste ist. Ganz nach ritterlichem Vorbild rettet Georg die jungfräuliche Königstochter, die der Drache, ein Verderben bringendes Scheusal, von der Bevölkerung gefordert hatte. Georgs Drachenkampf symbolisiert den Kampf gegen das Böse, sodass der Drache – wie schon beim Erzengel Michael – im christlichen Denken mit dem Teufel gleichgesetzt wurde.

Zur Zeit der Kreuzzüge wurde Georg zum Schlachtenhelfer bei der Eroberung Jerusalems durch die Kreuzfahrer (1099) und so als

„Miles Christi“ (Soldat Christi) zur Identifikationsfigur der Ritter und Krieger, so auch des Templerordens.

Von Georgs Martyrium berichtet der Kirchenlehrer Eusebius (gest. 339). Kern der Aussage ist die Überwindung der Marterqualen durch den Glauben, der ihn daran hindert, trotz der schlimmsten Foltermethoden dem Christentum abzuschwören. Der Legende nach diente Georg im Heer des Diokletian. Als der Kaiser das Christentum mit Stumpf und Stiel ausrotten wollte, machte Georg, der seit langem selbst Christ war, ihm Vorhaltungen. Daraufhin ließ Diokletian seinen Oberst Georg ins Gefängnis werfen. Da der Gefangene trotz aller Drohungen seinem Glauben nicht abschwor, wurde er auf ein Rad mit spitzigen Messern gebunden und gemartert. Als auch diese Tortur keine Sinnesänderung bewirkte, ließ ihn Diokletian, vom heidnischen Volk aufgestachelt, mit dem Schwert enthaupten.

Da die historischen Angaben zu seiner Person und seinem Leben ungewiss sind, wurde er 1969 von Papst Paul VI. offiziell aus dem Heiligenkalender gestrichen, aber bereits 1975 taucht der Name im Römischen Generalkalender wieder auf. Sankt Georgs Popularität und Verehrung ließen sich eben nicht mit einem Federstrich aus dem Bewusstsein des gläubigen Volkes entfernen.

Brauchtum

Wegen der Bedeutung dieses volkstümlichen Heiligen entwickelte sich an seinem Festtag ein reges Brauchtum, so etwa vielerorts der „Georgiritt“, Reiterprozessionen und Pferdesegnungen. Einen frühen Höhepunkt in Deutschland erreichte der Georgskult bereits im Jahre 896, als Bischof Hatto von Mainz das vermutete Haupt des Märtyrers auf die Bodensee-Insel Reichenau brachte (Stiftskirche St. Georg in Oberzell).

Wetterregeln

„Georgi“ war ein wichtiger Lostag für die Bauern und Gärtner. Die um Georg herrschende Wetterlage bestimmte für einen längeren Zeitraum die bäuerlichen Arbeiten und künftige Ernteaussichten. Denn das griechische Wort „georgos“ heißt auf Deutsch nichts anderes als Landmann oder Bauer.

In der Weidewirtschaft gilt der Spruch:

„Georg treibt die Kuh hinaus, Michael (29.9.) treibt sie wieder nach Haus.“

Und der Winzer hofft:
„Zu Georgi blinde Reben, volle Trauben später geben."
Denn wegen noch möglicher Nachtfröste gilt:
„Was bis Georg die Reben treiben, wird ihnen nicht bis Gallus (16.10.) bleiben."
Das würde eine magere Lese im Herbst bedeuten.
Das Wintergetreide soll nun, Ende April, in vollem Wachstum begriffen sein:
„Kann Georg im Korne Raben verstecken, wird Mehl sich häufen zu prallen Säcken."
Ein später Winterrückfall mit Schnee am Georgstag verheißt ebenfalls reiche Ernte:
„Kommt Sankt Georg auf einem Schimmel, kommt reicher Getreidesegen vom Himmel."
Der Schnee wird hier durch den Schimmel des Reiters symbolisiert.
Allzu frühlingshaftes Wetter zu „Georgi" wird von den Landleuten mit großer Skepsis beobachtet:
„Ist 's an Georgi warm und schön, wird man noch raues Wetter sehn."
Mit anderen Worten ausgedrückt:
„So lange die Frösche vor Georgi quaken und schrei'n, müssen sie hernach wieder stille sein."
Wenn jetzt schon Gewitter auftreten, wird das als Hinweis für Kälterückfälle und einen insgesamt zu kühlen Sommer gewertet:
„Gewitter an St. Georgs Tag folgt gewiss noch Kälteplag'."
Daher freut sich der Bauer gar nicht über eine frühe Baumblüte, denn wenn die Blüten erfrieren, gibt es nur wenig oder gar nichts zu ernten:
„Zu Sankt Georg ein Blütenmeer, sind zu Matthäus (21.9.) die Körbe leer."
Von allen Apriltagen ist Georgi der wichtigste für die Feld- und Viehwirtschaft, doch zum Säen und Pflanzen halten die Bauern diesen Termin noch für zu früh, daher der Spruch:
„Säst mich im April, komm ich, wann ich will, säst mich im Mai, komm ich glei."
Eine Ausnahme scheint die Aussaat von Hafer zu sein:
„Des Sankt Georgs Pferd, das tritt den Hafer in die Erd."

Markustag (25. April)

Markus war ein zum Christentum bekehrter Jude.
Als junger Mann wandte sich Markus vom Judentum ab und ließ sich in den Kreis von Jüngern aufnehmen.

Der Evangelist Markus wurde ein treuer Begleiter des Apostelfürsten auf seinen apostolischen Reisen. Dabei wirkte er als Dolmetscher des Petrus, da dieser nur geringe griechische Sprachkenntnisse besaß, und kam mit ihm im Jahre 42 nach Rom. Hier schrieb er auf Bitten der Neubekehrten und einflussreicher Männer sein Evangelium, nämlich alles, was er von Petrus über das Leben und Wirken Jesu gehört hatte; und Petrus bestätigte die Wahrheit seiner Aufzeichnungen, die somit in den Versammlungen der Gläubigen vorgelesen werden durften. Nach der Überlieferung ist der Gedenktag des heiligen Markus der 25. April. Er ist Schutzheiliger der Maurer und Bauarbeiter. Auch die Glaser, Korbmacher, Notare und Schreiber wählten ihn zu ihrem Patron. Er gilt auch als Schützer vor Unwetter, Blitz, Hagel sowie körperlichen und seelischen Qualen. Von den Bauern wird er um gutes Wetter und reiche Ernte angerufen.

Dargestellt wird der Evangelist schreibend mit einem Buch und einem geflügelten Löwen.

Als Petrus wieder nach Vorderasien zurückkehrte, sandte er Markus nach Ägypten in die zweitgrößte Stadt des römischen Reiches, Alexandria, die er als Bischofssitz auserkoren hatte. Doch das Schiff kenterte an der Küste von Cyrene, Markus allerdings wurde gerettet und predigte den Bewohnern des Hinterlandes, von denen eine große Menge den Götzendienst aufgab und sich bekehrte. Nach den zwölf Jahren des dortigen Wirkens zog er weiter nach Alexandria, wo er durch seine Missionstätigkeit bald eine große Christengemeinde gründen konnte.

Das war die Keimzelle der koptischen Christen. Die Legende erzählt, dass die Unbekehrbaren unter den Heiden ihm nach dem Leben trachteten, ihn im Jahr 68 festnahmen und ihn mit einem Strick um den Hals zu Tode schleiften. Unter diesen Marterqualen soll Markus am 25. April 68 nach Christus gestorben sein. Ein Unwetter hinderte die Mörder, ihn zu verbrennen, so blieb sein Leichnam unberührt liegen, bis die Christen ihn bestatten konnten.

Im 9. Jahrhundert wurden die Gebeine von Alexandria nach Venedig überführt, wo sie in der Kapelle der Dogen ihren Platz fanden.

In den Jahren zwischen 1063 und 1073 entstand dort der Dom San Marco. Neben einigen Wundern bei der Überführung wird auch berichtet, dass während der Bauarbeiten am Dom ein Maurer vom Gerüst gestürzt und nach seinem Stoßgebet zu Sankt Markus unverletzt geblieben sei. Neben Venedig hat ihn auch die Reichenau zu ihrem Schutzheiligen erwählt, da auch auf der Bodenseeinsel ein Teil seiner Gebeine ruht.

BRAUCHTUM

In den Alpenländern finden vielerorts am Markustag Bittprozessionen statt, um Gottes Segen für die Felder, für die Feldfrüchte zu erbitten. Traditionell werden auch Bittprozessionen über die Felder veranstaltet. Dieser Brauch hat bereits vorchristlichen Ursprung und eigentlich nichts mit dem Gedenktag des Heiligen Markus zu tun.

WETTERREGELN

Zahlreiche Bauernregeln unterstreichen die Bedeutung des Heiligen für die Landwirtschaft. Vor allem achten die Bauern auf die Witterung am Markustag, aus der sie Prognosen auf das künftige Wetter und die Ernte ableiten:
„So lange es vor Markustag warm ist, so lange ist es danach kalt.“
„Gibt 's an Markus Sonnenschein, kannst erwarten guten Wein.“
„Wie Sankt Markus das Wetter hält, ist 's auch mit der Ernt' bestellt.“
Und die bäuerliche Erfahrung lehrt, dass Markus die Saat- und Hütezeit einleitet:
„Leg erst nach Sankt Markus Bohnen, denn er wird dir 's reichlich lohnen.“
„Vor Markustag niemand hüten mag.“
Auch auf die Vogelwelt ist am Markustag zu achten:
„Bauen um Markus schon die Schwalben, so gibt 's viel Futter, Korn und Kalben.“
Nicht alle Bauern sehen Markus als einen hilfsbereiten Patron an, vor allem, wenn schon Sankt Georg zwei Tage zuvor garstiges Wetter angezeigt hat:
„Sankt Georgi und Sankt Marks dräuen oft viel Arg's.“
„Vor dem Markustag sich der Bauer hüten mag.“

Mai

Der Monat Mai (lat. *mensis maius*) ist der 3. Monat des altrömischen Kalenders und der 5. Monat des Julianischen und des Gregorianischen Kalenders mit 31 Tagen. Der Monatsname leitet sich nach dem römischen Philosophen Macrobius vom obersten römischen Gott „Iuppiter Maius“ ab, dem Wachstum bringenden Iuppiter (Jupiter). Nach anderen Zeugnissen, u. a. des römischen Dichters Ovid, ist dieser Monat nach der römischen Erdgöttin Maia benannt. Aus dem 8. Jahrhundert, zur Zeit Karls des Großen, ist der Name „Wonnemond“ (althochdeutsch „wunnimanot = Weidemonat) überliefert. Dieser Name weist darauf hin, dass man zu dieser Zeit das Vieh aus den Ställen wieder auf die Weiden treiben konnte. Alles blühte, die Menschen freuten sich auf Fruchtbarkeit und reiche Ernte. Vielleicht resultiert hieraus auch die spätere Umdeutung von Wonnemond zu „Wonnemonat“, der in der mittelhochdeutschen Lyrik voller Freude über das Scheiden des Winters mit Spielen und Tänzen im Freien begangen wurde. Im katholischen Kirchenjahr wird der Monat Mai als „Marienmonat“ (Marienmond) bezeichnet, da er der Verehrung der Gottesmutter Maria gewidmet ist. Bei den Gärtnern ist die Bezeichnung „Blumenmond“ verbreitet wegen der Hauptblütezeit der meisten Pflanzen.

„Ist der Mai recht heiß und trocken, kriegt der Bauer kleine Brocken, ist er aber feucht und kühl, gibt es Frucht und Futter viel.“

Walpurgisnacht / Erster Mai (30.4./1.5.)

Die Nacht zum 1. Mai, bekannt als Walpurgisnacht, hat ihren Namen von der heiligen Walburga. Vermutlich war sie eine Nichte des Missionars und Kirchenreformers im Fränkischen Reich, St. Bonifatius. Sie wurde um 710 im südenglischen Wessex geboren und nach ihrem Tod (um 779) am 1. Mai 870 durch Papst Hadrian II. heilig gesprochen.

Prächtig blühende Obstbäume und summende Insekten kündigen den Sommer an.

Früh verwaist, trat Walburga schon mit 11 Jahren in ein Kloster ein und wurde dort 26 Jahre lang auf ihre spätere Aufgabe als Missionsleiterin in den noch wenig christlich geprägten Landen Europas vorbereitet. Bei ihrer Überfahrt von Südengland nach Antwerpen geriet das Schiff in Seenot. Das inständige Gebet Walburgas rettete der Legende nach das Schiff vor dem Untergang. Dadurch wurde sie Patronin der Seeleute und Schutzheilige vor Sturmgefahr.

Sie wirkte zuerst in Tauberbischofsheim, von 761 an im Kloster Heidenheim. Legendär waren die Errettung eines hungernden Kindes durch drei Ähren, die Beruhigung eines tollwütigen Hundes und verschiedene Krankenheilungen. Daher gilt sie auch als Schutzheilige gegen Krankheiten, Seuchen, Tollwut, Hungersnot und Missernte und wurde so Patronin der Bauern und Mägde. Seit dem späten 15. Jahrhundert wird die „Heilige Walburga" mit dem Ölfläschchen, ihrem individuellen Attribut, das auf das Walburgisöl (eine Flüssigkeit, die der Legende nach aus ihrem Sarkophag austritt und in der Bevölkerung als Heilmittel verwendet wurde) hinweist, dargestellt.

Der Gedenktag, der bis ins Mittelalter am Tag ihrer Heiligsprechung am 1. Mai gefeiert wurde, hat mit dem Treiben in der Walpurgisnacht zum 1.Mai absolut nichts zu tun. Die Heilige wurde als Beschützerin vor Zauberkünsten und Hexerei vereinnahmt und dem heidnischen Treiben ein christlicher Sinn eingepflanzt.

Brauchtum

Bereits für die Kelten war der 1. Mai der wichtigste Tag ihres religiösen Jahres. An ihm feierten sie den Beginn der Sommerzeit. Auch die Germanen feierten an diesem Tag solche Frühlingsfeste. Mit Freudenfeuern, Gelagen, Gesang und Tanz wurde bis in den frühen Morgen gefeiert und die „weisen Frauen", die „Hagezussen", die zwischen der Menschen- und Geisterwelt vermitteln konnten, nach der Zukunft befragt.

Mit der Christianisierung wurden diese Feste zu Treffen finsterer Mächte erklärt, und die Hagezussen wurden als „Hexen", die mit dem Teufel im Bunde waren, als weibliche Verkörperungen des Bösen diffamiert. Dennoch wurde weiterhin in der Nacht vom 30. April zum 1. Mai um das Feuer getanzt, allerdings jetzt zur Abwehr der Hexen. Sie wurden durch ihr böses Treiben für allen Schaden und alles Unglück in Haus und Stall verantwortlich gemacht. Sie konnten Menschen verhexen und durch den „bösen Blick" Krankheiten auslösen. Darauf geht auch beispielsweise der Begriff „Hexenschuss“ zurück.

Diese Rituale dienten nicht mehr der Begrüßung des Frühlings oder Sommers, sondern man wollte so die Geisterwesen verscheuchen. Zum Schutz vor den Hexen malte man weiße Kreuze an Häuser, Weggabelungen und öffentliche Plätze. Auch wurde geweihtes Salz an die Türschwellen gestreut, um das Böse von den Häusern fernzuhalten. Dieselbe Wirkung sollten Besen, an den Hauseingängen mit dem Reisig nach oben gestellt, erzielen. Verstärkt wurde diese Wirkung durch zwei kreuzweise aufgestellte Besen. Damit das Vieh in den Ställen nicht verhext wurde, wurden über den Stalltüren Baldrianzweige aufgehängt, da man glaubte, dass die Hexen diesen Geruch nicht leiden könnten. Auch die Zweige aus den am Palmsonntag geweihten Palmen, speziell die des Säbelbaum (= eine Art Wacholder), sollten die schädlichen Einflüsse abhalten.

Am 1. Mai ging niemand vor dem ersten Hahnenschrei vor die Tür, denn leicht konnte man einer verspäteten Hexe begegnen. Walpurgis ist – wie könnte es bei so viel Hexerei auch anders sein – ein beliebter Orakeltag, an dem man aus diversen Dingen die Zukunft lesen zu können glaubte. Wer wissen wollte, ob sein/e Geliebte/r treu bleiben werde, pflanzte zwei Vergissmeinnicht in etwas Erde auf einen Stein. Wenn sich die Pflanzen einander zuneigten, war Treue, vielleicht sogar eine Hochzeit angesagt. Wer in der Mainacht um Mitternacht an einer Wegkreuzung einen Spiegel mit der blanken Seite nach unten vergrub, der konnte in der nächsten Nacht nach dem Ausgraben seine Zukunft erkennen. Wer in dieser Nacht an einer Tür horchte und seinen eigenen Namen nennen hörte, sollte im Laufe des Jahres dem Tod geweiht sein.

Ganz anders wird die Walpurgisnacht in der jüngeren Geschichte und heute begangen. Das Stellen des Maibaums als Symbol des Lebens und der Fruchtbarkeit hat bereits Tradition. Früher stellte der Bursche seiner Liebsten einen geschmückten Maien, meist eine Birke, vors Haus. Heute wird der gemeinsame Baum von beachtlicher Höhe in der Dorfmitte aufgestellt und mit Musik und Tanz eingeweiht. Zur allgemeinen Belustigung trugen die jungen Burschen des Dorfes Kletterwettbewerbe am Maien aus. Erschwert wurde der Klettererfolg an den geschälten Stämmen durch das vorherige Auftragen von Seife; wer es dennoch schaffte, konnte den an der Spitze des Maiens aufgehängten Siegespreis „abernten“. Kleiner war der

Maibaum, den der Bursche seiner Verehrten aufstellte. Jedes Mädchen war stolz, einen solchen am Morgen reich geschmückt vor ihrem Kammerfenster vorzufinden. Weniger erfreut waren die Jungfern, wenn sie am frühen Morgen einen „Schandmaien" wegzuräumen hatten. Dieser war aus verdorrtem Reisig zusammengebastelt und unansehnlich, um Spott und Verachtung, möglicherweise für Untreue, auszudrücken.

Auch Walpurgisfeuer oder Hexenfeuer werden noch mancherorts angezündet. Ist das Feuer etwas heruntergebrannt, findet der Maisprung statt, ein Brauch, bei dem Verliebte gemeinsam über das Feuer springen. Bis nach dem Zweiten Weltkrieg war es auch in Mittelbaden üblich, geheime „Liebespfade" durch Spuren von Kalkbrühe, Sägemehl- oder Häckselstreu aufzuspüren, die von einem Haus – oft durch das ganze Dorf – zum andern führten und von den Betroffenen am ersten Mai in aller Herrgottsfrühe zu beseitigen versucht wurden.

Wie zu allen Zeiten ist es heute noch der Jugend vorbehalten, in der Walpurgisnacht einige Streiche zu verüben. Diese reichen vom ausgehängten Hoftor über das Verstecken der Mülltonne bis hin zu recht arbeitsaufwändigen Unternehmen, etwa dem Aufhängen landwirtschaftlicher Gerätschaften auf Bäumen und Dächern oder Beladen eines Mistwagens und ähnlichem Schabernack.

Wetterregeln

Die bäuerlichen Voraussagen zur Walpurgisnacht und zum 1. Mai (Philipp und Jakob) haben Orakelfunktion hinsichtlich der Ernteaussichten, weniger des Wetterablaufs. Im Gegensatz zu den Erwartungen der Feiernden, der Wanderer und Spaziergänger, die sich auf eine sonnige Maientour freuen, drücken sämtliche Wetter- und Bauernregeln dieser beiden Lostage den Wunsch nach Regen aus, denn davon verspricht man sich reiche Ernte:

„Zur Walpurgisnacht ein Regen bringt für Feld und Garten Segen."
„Walpurgis Regen oder Tau, auf ein gutes Jahr vertrau!"
„Regen in der Walpurgisnacht hat Keller und Tenne stets voll gemacht."

Derselbe Wunsch wird auf den ersten Mai mit anderen Worten ausgedrückt:

„Sind Philipp und Jakob nass, macht's dem Bauern großen Spass."
„Regen am ersten Mai deutet auf viel Korn und Heu."

Am 30. April will man schon gar keinen Frost, denn:
„Walpurgisfrost bringt schlechte Kost.“
Nicht so unerwünscht ist der Reif am ersten Mai, da gilt der Spruch:
„Fällt Reif auf den ersten Mai, bringt er im Feld viel Segen herbei.“

Eisheilige (11.-15. Mai)

Mitte Mai stehen die „Eisheiligen“ im Kalender. Mit welchem Wetter stellen sie sich ein? Das ist die bange Frage der Gärtner und Landwirte. Diese „kalten Gesellen“ oder „strengen Herren“ sind Pankratius (12.), Servatius (13.) und Bonifatius (14.). In Norddeutschland kommt am 11. Mai Mamertus und in Süddeutschland am 15. Mai die „kalte Sophie“ dazu.

Der Kälteeinbruch um diese Zeit hat meteorologische Gründe. Häufig gibt es Mitte Mai nach schönen, milden Tagen noch einmal kräftige Kaltluftvorstöße aus den Polargebieten. Der Kontinent erwärmt sich schneller als die Meere drumherum, so kommt es zu Temperaturdifferenzen zwischen Festland und Ozean: Es entstehen Tiefdruckgebiete. Die Luftmassen verschieben sich: Die Kontinentalluft strömt nach Norden und drückt kalte Polarluft aufs Festland. Die Luft, die nach Mitteleuropa kommt, ist kalt und trocken; die Tagestemperatur steigt kaum über 15 Grad, in klaren Nächten jedoch besteht Frost- und insbesondere Bodenfrostgefahr. Der Frost kann dazu führen, dass bereits blühende Pflanzen, Bäume und Reben geschädigt werden. Ab der Monatsmitte nimmt die Wahrscheinlichkeit von Spätfrösten zumindest in den Niederungen ab. Da die polare Kaltluft den Norden unseres Landes einen Tag früher erreicht, beginnen die Eisheiligen mit Mamertus hier einen Tag früher und enden im Süden mit der kalten Sophie einen Tag später.

Mamertus war im fünften Jahrhundert Bischof im französischen Vienne. Der Legende nach gebot er durch ein Gelöbnis den verheerenden Naturgewalten, die die Menschen bedrohten, Einhalt und wurde so auch zum Beschützer vor der schädlichen Kälte. Weniger Bezug zum Wettergeschehen hatten die übrigen Eisheiligen. Pankratius verlor als Märtyrer sein Leben bei einer Christenverfolgung in Rom. Er soll an der Via Aurelia enthauptet worden sein, wo er auch seine letzte Ruhestätte fand. Von Papst Symmachus wurde über seinem Grab eine Basilika errichtet. Er wurde im Mittelalter auch in Deutschland hoch verehrt. Servatius war im vierten Jahrhundert Bischof im belgischen Tongern. Mit Bonifatius ist nicht der Heilige gemeint, der das Frankenland missionierte, sondern ein sizilianischer Märtyrer aus dem vierten Jahrhundert. Auch Sophia starb in Rom unter Kaiser Diokletian um 305 den Märtyrertod und wurde unter Papst Sergius II. (844-847) zusammen mit anderen Märtyrern in der Kirche San Martino di Monti in Rom beigesetzt.

Diese großen Heiligen der Urkirche wurden aufgrund der Datierung ihrer Gedenktage in der frostanfälligen Maimitte mit wenig schmeichelhaften Attributen versehen, die sich in manchen Bauernregeln niederschlugen, wie z. B. in Bayern:

WETTERREGELN

„Pankrazi, Servazi, Bonifazi sind drei frostige Bazi, und zum Schluss fehlt nie die kalte Sophie."
„Pankraz und Servaz sind zwei böse Brüder, was der Frühling gebracht, das zerstören sie wieder."
Für Norddeutschland gilt die bildhafte Mamertus-Regel:
„Mamertus und seine Gesellen oft des Bauern Humor vergällen."
Auch die Schäfer hatten die Eisheiligen in ihre Jahresplanung einzubeziehen:
„Wer Schafe schert vor Servaz, dem ist die Wolle lieber als das Schaf."
Entsprechend richteten die Bauern, Winzer und Gärtner ihre Frühjahrsarbeiten ein. Sie warteten grundsätzlich mit dem Ausbringen von Saaten und dem Pflanzen frostempfindlicher Gewächse bis nach dem 15. Mai, denn:
„Vor Nachtfrost du nicht sicher bist, bevor Sophie vorüber ist."
„Pflanze nie vor der kalten Sophie!" Denn: „Manche Pflanze wird nicht alt, denn Sophia liebt es kalt."

Auch in der heutigen bäuerlichen und gärtnerischen Tradition verfährt man noch weitgehend gemäß den Warnungen bzw. Ratschlägen der Bauernregeln zu den Eisheiligen, vor allem in klimatisch ungünstigen Lagen. Denn trotz zunehmender Erderwärmung gibt es auch in unserem Oberrheinischen Tiefland noch die Gefahr von Kälterückfällen Mitte Mai, oft schon früher, seltener noch später. Gerade der 13. Mai ist laut Bauernregel ein Wendepunkt:
„Vor Servaz kein Sommer, nach Servaz kein Frost!"
„Pankraz, Servaz, Bonifaz machen erst dem Sommer Platz."

Ein wenig Frost vertragen die Obstblüten, zu viel richtet großen Schaden an.

In Obst- und Weinlagen versuchten die Bauern früher durch das Entzünden von Feuern und die dadurch entstehenden Rauchnebel und Wärme ihre Pflanzen vor den Nachtfrösten der Eisheiligen zu schützen. Heute greifen sie eher zum Versprühen von Wasser in ihren Anlagen und machen sich so die physikalischen Naturgesetze zunutze.

Aber nicht nur die Frostwarnungen an den Tagen der Eisheiligen haben sich in den Bauernregeln niedergeschlagen, sondern auch Prognosen für die Ernte:

„Pankraz und Urban (25.5.) ohne Regen, folgt ein großer Erntesegen."

„Pankraz und Urban Sonnenschein, füllet die Fässer mit gutem Wein."

Die „Partnerschaft" zwischen Pankraz und Urban wird auch in anderen Wetterregeln deutlich:

„Sankt Urban gibt der Kält' den Rest, wenn Pankraz noch was übrig lässt."

„Eh' Pankraz und Servaz nicht vorbei, ist sicher vor Kälte nicht der Mai; und oft sogar ist Sankt Urban noch ein arger Grobian."
Auch Sophia hat ihre Ernteregel:
„Lein, gesät am Sophientag, stets vortrefflich wachsen mag."
Und nun zum Schluss das Resümee für Mitte Mai:
„Die drei Eismänner sind strenge Herrn, sie ärgern Gärtner und Winzer gern."
Bleibt der Frost aus, ist das Anlass zum Jubeln:
„Gehn die Eisheiligen ohne Frost vorbei, schreien die Bauern und Winzer Juchhei!"

Urbanstag (25. Mai)

Der 25. Mai, der Urbanstag, ist seit dem frühen Mittelalter in allen Weinbaugebieten ein wichtiger Feiertag. Im christlichen Mitteleuropa war der heilige Urban seit dem Spätmittelalter bis zur Jahrhundertwende des 18./19.Jh. der wichtigste und am weitesten verbreitete Patron der Winzerberufe und der Weinberge.

Der Überlieferung zufolge gab es drei Heilige mit dem Namen Urban, die für diesen Gedenktag in Frage kommen. So ist umstritten, welcher der drei Heiligen mit dem Namen Urban aber nun wirklich gemeint ist. Nach späterer Geschichtsschreibung ist der eigentliche „Weinheilige" wohl der Bischof Urban von Langres (nördlich Dijon), der im fünften Jahrhundert lebte.

Dieser Bischof Urban wird mit einem Rebstock dargestellt, hinter dem er sich auf der Flucht vor seinen Verfolgern versteckt haben soll. Von ihm sind einige „Wunder" überliefert, darunter auch, dass man ihn erfolgreich vor Unwettern bei der Weinlese angerufen habe.

Der Gedenktag, 25. Mai, der vermutliche Sterbetag von Papst Urban I. (220–230), ist wohl eine zeitliche Vermischung dieser beiden Heiligen.

Papst Urban I. soll während seines Pontifikats angeordnet haben, dass Kelch und Patene nur aus Gold und Silber gefertigt sein sollten aus Ehrfurcht vor dem Leib und Blut Christi. Vielleicht ist gerade diese Anordnung der Grund dafür, dass er von den Winzern zu ihrem Schutzheiligen erkoren wurde, indem sie den in der Messe verwendeten Wein durch die edlen Gefäße aufgewertet sahen. Aber auch die Tatsache, dass sein Gedenktag genau in die Rebblüte fällt, könnte ihn zum Patron der Weinberge und Winzer gemacht haben. Zumal in vorchristlicher Zeit im Mai schon alte Bacchusfeste gefeiert wurden, die eine gute Weinlese bewirken sollten. Frühe bildliche Darstellungen stellen Sankt Urban mit den bäuerlichen Attributen Rebstock, Traube und Kelch dar. Tiara und Kreuzstab kennzeichnen ihn überdies als Papst.

Des Weiteren ist in der Literatur noch von einem dritten Urban die Rede, der im siebten Jahrhundert lebte und als ein Schüler von Gallus im Raum Heilbronn missionierte und die Bauern in die Kunst des Weinbaus eingeführt haben soll.

Brauchtum

Über den St. Urbans-Kult herrscht mehr Klarheit: Im alten Heiligenkalender begann der Sommer mit dem Urbanstag, dem 25. Mai. Zu diesem Zeitpunkt mussten die Frühjahrsarbeiten in den Reben beendet sein, da die Reben am Beginn der Blüte standen. In exponierten Reblagen, mit Spätfrösten, konnten die ganzen Bemühungen der Frühjahrsarbeit durch Frosteinwirkung zunichte gemacht werden. Besonders in den Klimazonen Mitteleuropas hatte sich deshalb die Heiligen-Anrufung um himmlischen Schutz und Segen besonders etabliert: Zentraler Teil der Feiern an St. Urban waren in der Regel ein Gottesdienst mit Fürbitten um gutes Gedeihen der Reben sowie Flurprozessionen bzw. Bittgänge in die Weinberge. Bereits 1251 findet sich in einer Bulle des Papstes Innozenz IV. ein vierzehntägiger Ablass für Teilnehmer einer Flurprozession zu Ehren Sankt Urbans im Elsass.

Nach Dokumentationen der Stadt Ulm finden wir in Württemberg früheste Belege für die Verbindung Urbans mit dem Weinbau in Form von Bilddarstellungen aus dem 15. Jh., etwa in der Kirche von Wendelsheim sowie am Altargemälde der Klosterkirche Blaubeuren. Ebenfalls seit dem 15. Jahrhundert lassen sich in einigen Weinbaugebieten Urbani-Bruderschaften nachweisen, die, als eine Art untere Aufsichtsbehörde für den Weinbau, u. a. für die ordnungsgemäße Pflege der Fluren zuständig waren. Die meisten fanden allerdings mit der Reformation ein Ende. Da und dort sind die Urbansbruderschaften in jüngster Zeit wieder aufgekommen, beschränken sich aber im Wesentlichen auf Brauchtum und Weingenuss.

Auch im mittelalterlichen Recht war der 25. Mai ein wichtiger Stichtag, denn der Ertrag eines Ackers oder Weinbergs fiel nun dem zu, der die Aussaat bestellt hatte. Im Landrecht des Sachsenspiegels (um 1222) stand entsprechend: „An Sankt Urban sind Weingarten- und Baumgartenzehnt verdient."

WETTERREGELN

Der Bauer hatte am Urbanstag wenig Zeit zum Feiern. Er schwor darauf, dass Flachs, Hanf, Bohnen und Hirse, die um den 25. Mai gesät werden, besonders gut geraten; daher zogen sie die Feldarbeit vor. Dies kommt in Bauernregeln zum Ausdruck:

„Wenn Urban vor der Türe steht, wird vom klugen Bauer Flachs gesät."
„Auf Urban dicke Bohnen legen, so gedeihen sie zum Segen."

BRAUCHTUM

Vom Brotbacken am Urbanstag wurde abgeraten, weil es sonst das ganze Jahr über zur Schimmelbildung neigen würde. Dagegen sollten Brötchen (Semmeln), die an diesem Tag gebacken und im Gottesdienst geweiht und verteilt wurden, die Kraft besitzen, Brotmangel im Haus zu verhindern und nie zu schimmeln.

In manchen Weinorten Frankens fand das „Urbanreiten" statt, bei dem das Standbild des Heiligen herumgetragen und schließlich auf einem Tisch aufgestellt wurde. War der Tag schön und schien die Sonne, wurde um das Heiligenbildnis fröhlich gespeist und gezecht. War es aber Regenwetter, so wurde der Heilige nicht geehrt, sondern zur Strafe mit Wasser begossen oder gar in den Dorfbrunnen getaucht. Daher rührt der Bauernspruch:

„Wenn Sankt Urban kein gut Wetter geit, wird er in die Pfützen geleit."

WETTERREGELN

Vielfältig sind die Wetterregeln dieses Tages, doch alle fordern Sonnenschein:

„Sankt Urban hell und rein, gibt's viel Korn und Wein."
„Scheint am Urbanstag die Sonne, so gerät der Wein zur Wonne; regnet's aber, nimmt er Schaden und wird selten wohl geraten."

In die gleiche Richtung weist der Spruch:

„Hat Sankt Urban Sonnenschein, bringt er viel und guten Wein; hat er Regenschauer, macht den Wein er sauer."

Dazu noch eine besonders originelle Bitte:

„Sankt Urban lass die Sonne scheinen, damit sie nicht beim Weine weinen!"

Das Wetter am 25. Mai gab auch zu Prognosen auf das Herbstwetter Anlass. So wie am Urbanstag sollte das Wetter zur Zeit der Weinlese im Herbst ausfallen:
„Die Witterung an Sankt Urban zeigt des Herbstes Wetter an.“
„Das Wetter, das Sankt Urban hat, auch in der Lese findet statt.“
Einen schönen Spruch zum Thema „Urban“ und „Wein“ hinterließ uns Ludwig Uhland:
„Und wenn es Euch wie mir ergeht, so betet, dass der Wein gerät, Ihr Trinker insgemein! O heil'ger Urban schaff uns Trost, gib heuer uns viel edlen Most, dass wir dich benedei'n“.

Christi Himmelfahrt

Vierzig Tage nach Ostersonntag, immer an einem Donnerstag, feiern die Christen aller Konfessionen das Fest Christi Himmelfahrt. Als einem der ältesten kirchlichen Hochfeste kam Christi Himmelfahrt durch die Jahrhunderte hindurch eine große Bedeutung zu. Die Zeitspanne – vierzig Tage – geht auf das Zeugnis des Evangelisten Lukas zurück, der berichtet, dass der Auferstandene nach vierzig Tagen vor den Augen seiner Apostel von einer Wolke aufgenommen und ihren Blicken entzogen wurde.

Nachdem Christi Himmelfahrt (kirchenlateinisch: Ascensio Domini „Aufstieg des Herrn“) in den ersten Jahrhunderten zusammen mit dem Pfingstfest gefeiert worden war, entstand nach dem Konzil von Nizäa (325) ein eigenständiges Fest, jeweils an einem Donnerstag.

BRAUCHTUM

Den missionierten Germanen kam die Wahl des Donnerstags sehr gelegen, denn dieser Wochentag war nach ihrem höchsten Gott „Donar“ benannt. So wie der griechische Gott „Zeus“ war Donar der Gott der Blitze und Gewitter. Deshalb brachte man diesen Feiertag auch mit Gewitter in Verbindung, sodass es verboten war, am Himmelsfahrtstag eiserne Gegenstände in die Hand zu nehmen, ob es sich nun um kleine oder große Werkzeuge handelte. Die Bauern taten somit keine Feldarbeit, und die Hausfrauen vermieden es, Strick- oder Nähnadeln zu gebrauchen, aus Furcht, der Blitz könne sonst einschlagen. Auch ging die Furcht um, wer Strümpfe trage, die an Himmelfahrt gestrickt wurden, werde schon beim ersten Gewitter vom Blitz erschlagen.

Sehr häufig ist vom Ende des 16. Jh. an, besonders in den katholischen Alpenländern, der Brauch bezeugt, in den Gottesdiensten am „Auffahrtstag" eine geschnitzte Christusfigur während des Gottesdienstes in das Kirchengewölbe emporzuziehen. Sobald sie den Blicken entschwunden war, regnete es von oben Heiligenbildchen, Blumen oder gar brennendes Werg (Hanfabfall), das die Feuerzungen des heiligen Geistes darstellen sollten. Die Betrachter registrierten genau, wohin die Figur beim Emporziehen zuletzt geblickt hatte, denn aus dieser Richtung waren die nächsten Gewitter zu erwarten. Mancherorts wurde nach der Auffahrt der Christusfigur eine Teufelsdarstellung herabgestürzt, die dann von der Gemeinde symbolisch geschlagen wurde, um das Ende der Macht Luzifers darzustellen.

Ähnlich wie am Palmsonntag nahmen die Kirchenbesucher von den geschmückten Altären Blumen und Kränze mit, um sie im Haus (z. B. im Herrgottswinkel) und Stall aufzuhängen. Ihnen und den Kräutern, die bei Flurprozessionen gepflückt wurden, maß man eine besondere Schutz- und Heilkraft zu. Während heute die Osterkerze, die am Karsamstag entzündet wird, das ganze Jahr über brennt, wurde sie früher am Himmelfahrtstag während des Evangeliums von der Himmelfahrt ausgelöscht, um so zu symbolisieren, dass mit der Auferstehung das Licht in die Welt kam und mit der Himmelfahrt sich der Welt wieder entzog. Wegen der Auffahrt Christi in den Himmel war es in manchen Gegenden üblich, am Himmelfahrtstag nur „fliegendes Fleisch", also Geflügel, zu verspeisen.

Traditionell waren die drei Tage vor Christi Himmelfahrt die Bitttage, die von Bischof Mamertus (Eisheiliger) eingeführt und von Papst Leo III. verbindlich gemacht wurden. An diesen drei Tagen zogen die Bittprozessionen durch die Fluren, um Fruchtbarkeit für Feld und Flur und Schutz vor Gewitter, Hagel und Sturm zu erbitten. Deshalb hieß die gesamte Woche „Bittwoche".

Ob aus diesen Prozessionen heraus auch die Vatertagsumzüge entstanden sind, ist nicht sicher. Auch die Tradition der Apostelprozession – der Gang der elf Jünger zu einem Berg in Galiläa – könnten Wurzeln für dieses Brauchtum seit dem 19. Jahrhundert sein. Möglich ist auch, dass die auf einen germanischen Rechtsbrauch zurückgehenden Flurritte, demzufolge jeder Grundeigentümer einmal im Jahr sein Eigentum umrunden musste, um seine Besitzansprüche zu dokumentieren, den „Vatertag" begründete. Diese Touren, die schon im Mittelalter ihren religiösen Sinn verloren, erklärt wohl auch, dass für viele Menschen, die den Kontakt zum christlichen Glauben verloren haben, sich der Himmelfahrtstag auf seine Rolle als „Vatertag" reduziert. Das Obstwasser spielte und spielt bald eine größere Rolle als das Weihwasser. Gleichwohl wird in Deutschland der Vatertag zunehmend auch als Familientag gefeiert.

Der Vatertag als Gegenstück zum Muttertag hat seine Wurzeln in den USA, wo 1910 eine Bewegung zur Ehrung der Väter ins Leben gerufen wurde und von Präsident Calvin Coolidge 1924 eine Empfehlung zur Einführung eines besonderen Feiertags für die Väter an die Einzelstaaten der USA erging. Präsident Nixon erhob schließlich 1974 jeweils den dritten Sonntag im Juni zu einem offiziellen Feiertag. In Deutschland wird der Vatertag zunehmend als Familientag gefeiert, wobei immer noch genügend Alkoholauswüchse zu verzeichnen sind, denn laut Statistischem Bundesamt steigt die Zahl der alkoholbedingten Verkehrsunfälle an Christi Himmelfahrt um das Dreifache des Durchschnitts sonstiger Tage an und erreicht damit den Jahreshöhepunkt.

WETTERREGELN

Der Himmelfahrtstag war seit jeher ein viel beachteter Lostag, denn er galt als ein Wendepunkt zwischen Frühjahr und Sommer. Jetzt sollten die Rückschläge des Winters endgültig vorbei sein, und leichtere Kleidung war angesagt. Dies wird in dem Spruch deutlich:

„Der Bauer nach der rechten Art trägt seinen Pelz bis Himmelfahrt, und tut ihm dann der Bauch noch weh, trägt er ihn bis Bartholomä (24.8.)".

Wie es der Jahreszeit entspricht, wünscht man sich im Hinblick auf Wachstum und Reife Sonnenschein:

„Scheint auf Himmelfahrt die Sonne, bringt der Herbst uns große Wonne."

Doch die Tage zuvor dürfen ruhig regnerisch sein:

„Wenn es an den Bitttagen regnet, wird die Ernte reich gesegnet."

Pfingsten

Das Pfingstfest wird in den christlichen Kirchen 50 Tage nach Ostern gefeiert. Es wird an diesem Festtag der Herabkunft des Heiligen Geistes gedacht. Das biblische Pfingstwunder waren die Feuerzungen, die auf die Apostel herabkamen und sie befähigten, in fremden Sprachen zu reden und diese zu verstehen. Das Feuer symbolisiert damit den Beginn der christlichen Missionierung. Aus christlicher Sicht wurde dadurch die „babylonische Sprachverwirrung" aufgehoben, mit der Gott die Menschen für die Hybris des Turmbaus zu Babel im Alten Testament bestraft hatte.

Das Wort „Pfingsten" entstand aus dem griechischen Wort „Pentecoste" (fünfzigster Tag), denn das erste Pfingstfest wurde laut Apostelgeschichte am jüdischen Fest der Weizenernte (Schawuot) 50 Tage nach dem Pessachfest gefeiert.

BRAUCHTUM

Das pfingstliche Brauchtum erzählt entweder das biblische Geschehen wieder oder hat jahreszeitlichen Bezug als Frühlingsbrauchtum. Im Mittelalter wurde eine lebende oder hölzerne Taube durch das „Heilig-Geist-Loch" aus dem Kirchengewölbe herabgelassen, um die Herabkunft des Heiligen Geistes zu veranschaulichen. Denn seit dem Konzil von Nizäa symbolisiert die Pfingsttaube den Heiligen Geist, der laut dem Johannesevangelium bei der Taufe Jesu wie eine Taube auf ihn herabkam. Die Gemeinde empfing die herabschwebende Taube mit Weihrauch und Gebet. Dieses Symboltier finden wir vor allem in der Zeit des Barocks auf vielen bildlichen Darstellungen als Symbol des Friedens und der Nächstenliebe. Die Friedenstaube, als Sinnbild der Versöhnung mit Gott, ist auch heute ein Symbol des Friedens und auch Emblem der Internationalen Friedensbewegung.

Ursprünglich mit Pfingsten verbunden war der „Große Wettersegen", ein Gebet, bei dem Priester und Gemeinde um eine gute Ernte baten. Später wurde der Zeitraum des Wettersegens erweitert: vom Fest der Kreuzauffindung (3. Mai) bis zum Fest der Kreuzerhöhung (14. September). In dieser Zeitspanne wird er noch heute weitgehend in den katholischen Gotteshäusern am Ende des Gottesdienstes erteilt. In manchen Pfarreien gab es auch Pfingstspiele, bei denen vom Spätmittelalter bis ins 19. Jahrhundert die Heilsereignisse von Pfingsten bis zum Jüngsten Gericht dargestellt wurden.

Das Wasser sollte an Pfingsten wie zur Osterzeit über besondere Heil- und Segenskraft verfügen, deshalb war Pfingsten ein beliebter Tauftag. Im Laufe der Geschichte bildeten sich verschiedene Wasserbräuche heraus, was sich z. B. auch im Brauch des Brunnenschmückens äußert. Auch war es üblich, dass man sich zu Pfingsten in einem Bach wusch, um rein zu werden. Selbst dem zu Pfingsten niedergehenden Tau sagte man Heilwirkung nach. Er sollte auch vor Sommersprossen und Verhexung schützen.

Es gab aber zu Pfingsten noch viel mehr weltliches Brauchtum, so z. B. der Schabernack in der Nacht von Pfingstsonntag auf Pfingstmontag, ähnlich wie in der Walpurgisnacht. Ursprünglich sollten in dieser Nacht, die man zu Recht als „Unruhnacht“ bezeichnete, böse Geister ausgetrieben werden, jetzt werden den Mitbürgern Streiche gespielt. Diese Aktivitäten werden in Bayern auch als „Pfingststehlen“ bezeichnet, denn alles, was nicht durch ein Dach geschützt wird, darf mitgenommen und versteckt werden. In der Pfingstnacht gibt es also ähnliche Bräuche wie in der Nacht zum ersten Mai. Beim „Birkenstecken“ machen sich die Junggesellen auf, um ihrer Liebsten eine geschmückte Birke an die Hauswand zu stellen. In manchen Landstrichen ist es zudem üblich, eine Kalkspur von der Birke bis zum Haus des Junggesellen zu ziehen, um die Herkunft der Birke aufzuklären. Schlimmer als gar keinen Maien zu erhalten, war es für ein Mädchen, von einem verflossenen Freund einen „Schandmaien“ aufgestellt zu bekommen: einen dürren Stecken oder das kahle Gerippe eines ehemaligen Christbaums. Auch Kirschzweige (Symbol der Klatschsucht) oder Weißdorn (für eine, die unbedingt geheiratet werden will), galten als wenig geliebte Gaben. Der in der Ortsmitte prangende Maien diente an Pfingsten vielerorts zu Kletterwettkämpfen, wobei der Stamm zusätzlich mit Seife glatt gemacht wurde. Der beste Kletterer wurde zum „Pfingstkönig“ oder „Pfingstbräutigam“ ernannt und durfte sich seine Pfingstbraut aussuchen.

Wer am Pfingstsonntag nicht aus den Federn kam und erst als Letzter im Haus zum Frühstück erschien, wurde als „Pfingstnarr“ gehänselt, der die Gnadengaben des Heiligen Geistes verschlafen hatte. Mancherorts ist das Brauchtum erhalten, in der Pfingstnacht, andernorts am Festtag, ein Pfingstfeuer anzuzünden. Die lodernde Flamme symbolisiert dabei die Feuerzungen des heiligen Geistes, ist aber auch ein Zeichen der Reinigung und Erleuchtung der Gläubigen. Eine ähnliche Symbolik geht auch von der brennenden Pfingstkerze am festlich geschmückten Frühstückstisch aus.

In Gebirgsregionen war Pfingsten auch ein Hirtenfest, weil an diesem Tag das Vieh – festlich geschmückt – erstmals im Jahr auf die Weiden getrieben wurde. Die „Pfingstweide" wurde eröffnet. In grünes Laub gekleidete Burschen traten auf, die die Wachstumsgeister verkörperten. Auch der „Pfingstochse" wird auf ein geschmücktes Rind zurückgeführt, das zur Weide getrieben wurde. Im übertragenen Sinne bezieht sich die immer negativ gebrauchte Bezeichnung „Pfingstochse" auf einen, der immer noch „schön" wirkt und noch nicht ahnt, dass er bereits verloren ist. Denn der „Pfingstochse" könnte auch auf eine vorchristliche, jahreszeitliche Opferhandlung zurückgehen, bei der das Opfertier zur Schau gestellt und dann geschlachtet wurde.

So sind im Laufe der Zeit kirchliche und weltliche Pfingstbräuche ineinander übergegangen. Wozu auch in manchen Gegenden Süddeutschlands Maskenumzüge, Wettkämpfe, Pfingstspiele und sogar Trinkgelage auf dem Kirchplatz gehören. Anziehungspunkte für die Umgebung waren vor allem die Pfingstritte und Pfingstumgänge durch die Gassen, bei denen Gaben erbeten wurden. Mancherorts zogen am Pfingstmontag Kinder mit Blütenzweigen und bunten Bändern geschmückte Handwägelchen durch das Dorf und brachten vor den Häusern Lieder und Gedichte zu Gehör. Entlohnt wurden sie mit Eiern, Speck oder barer Münze. Die gleiche Rolle übernahmen in Thüringen mit Maien geschmückte Pfingstsänger, junge Männer, die um Pfingstkuchen oder Ähnliches baten. Manche dieser Bräuche begannen schon im 17. Jahrhundert und erlebten ihren Höhepunkt im 18. und 19. Jahrhundert, andere werden bis heute gepflegt: So der schon seit 1679 belegte Schwenninger Pfingstritt oder der berühmte Wurmlinger Pfingstritt bei Tuttlingen mit seinem Brauch, über die kleinen Verfehlungen der Einheimischen zu Gericht zu sitzen. Die Pfingstrose, auch als Bauernrose oder Päonie bekannt, blüht passend zur Pfingstzeit und schmückt viele Kirchen. Die Päonie ist eine der ältesten Kultur- und Heilpflanzen der Menschheit und man kannte ihre heilende Wirkung bereits in der Antike. In der

Prächtig geschmückte Reiter und Pferde treten zur Pfingstprozession an.

christlichen Symbolik stand sie für Reichtum, Heil und Heilung, für weibliche Schönheit und als Rose ohne Dornen für die Gottesmutter Maria.

WETTER-REGELN

Die Bauernregeln zum Pfingsttag sind uneinheitlich, jedoch der Wunsch nach gutem, sonnigen Wetter überwiegt, weil man sich davon eine gute Ernte verspricht:
„Pfingstregen bringt dem Weinstock keinen Segen."
„Wenn wir Regen zu Pfingsten bekommen, wird uns die ganze Ernte genommen."
„Regnet es zu Pfingsten stark, schädigt es der Früchte Mark."
Trübe Wetteraussichten beschert auch der Regen an Pfingstmontag:
„Regnet 's an Pfingstmontag, so regnet es noch sieben Sonntag'."

Fronleichnam

Zehn Tage nach Pfingsten feiern die Katholiken Fronleichnam, das „Fest des Leibes und Blutes Jesu Christi". Es ist ein Hochfest im katholischen Kirchenjahr zur Verehrung der Eucharistie.

Der Name Fronleichnam kommt vom mittelhochdeutschen „vrōnlīcham" (des Herren Leib) und ist damit die deutsche Wiedergabe des kirchenlateinischen „Corpus Domini". Unter dem gläubigen Volk wird auch häufig die Bezeichnung „Herrgottstag" gebraucht. Der Feiertag beschließt den kirchlichen Osterfestkreis und findet am 60. Tag nach dem Ostersonntag statt.

Das Fest geht auf Visionen der später heilig gesprochenen Juliana von Lüttich im Jahre 1209 zurück, die angeblich beim Beten den an einer Stelle verdunkelten Mond gesehen hat. Sie deutete dies als Hinweis Christi, dass der Kirche ein Fest zu Ehren des Altarssakramentes fehle.

So wurde das Fest erstmals 1264 in Lüttich gefeiert, und Papst Urban IV. schrieb diesen Gedenktag im selben Jahr für die gesamte römisch-katholische Kirche fest. Die Festlegung auf den Donnerstag erfolgte durch Papst Johannes XXII. 1317 als Nachfeier zur Einsetzung des Eucharistie-Sakramentes am Gründonnerstag, da der stille Charakter der Karwoche keine prunkvolle Entfaltung der Festlichkeit erlaubte.

In den überwiegend katholischen Bundesländern Deutschlands und zum Teil auch im benachbarten Ausland ist Fronleichnam ein gesetzlicher Feiertag, in anderen Staaten wird das Fest am folgenden Sonntag gefeiert.

Durch die Prozession, bei der die Gläubigen hinter der hoch erhobenen Monstranz mit Hostie einherschreiten, erhält Fronleichnam ein besonderes Gepräge. Die Feierlichkeiten dieses Tages stießen bei der katholischen Bevölkerung schon bald auf große Aufgeschlossenheit, und man bemühte sich im Lauf der Geschichte auf verschiedene Weise um eine würdige Gestaltung der Feier, deren Details sich teilweise bis in unsere heutige Zeit erhalten haben.

Zur Zeit unserer Vorfahren wurde das Fest mit Böllern und festlichem Glockengeläut eingeleitet. Die Häuser wurden – wie heute – in der Frühe des „Herrgottstages“ mit Girlanden und Fähnchen in den Kirchenfarben gelb-weiß geschmückt, auf dem Kirchturm kündeten flatternde Kirchenfahnen weithin das Fest. Besorgt gingen die Blicke zum Himmel, ob das Wetter halten werde, bevor die vier Stationsaltäre hergerichtet und der Prozessionsweg festlich geschmückt wurde. Nach der Festmesse formierten sich die Gläubigen zur Prozession durch die Gemeinde. Vielerorts wird die Festmesse auch im Freien auf öffentlichen Plätzen gefeiert.

Neben dem Allerheiligsten unter dem von den Stiftungsräten getragenen „Himmel“ wurden auch Figuren und Fahnen von Heiligen in der Prozession mitgetragen. Die kunstvollen Blumenteppiche sind neueren Datums. Franz Karl Maurath beschrieb in seinen Aufzeichnungen noch einige Besonderheiten aus seinem Heimatort Unzhurst und seiner Umgebung: „An den Altären der alten Zeit erblickte man auch einen großen Spiegel, darin musste sich der liebe Herrgott, die Sonne und die ganze Prozession abglasten (widerspiegeln) und konzentrieren. So ein Spiegel war dann auch zu allem Zauber und Segen als Bergspiegel zu gebrauchen.“ Weiter berichtete er davon, dass die Männer am Herrgottstag auf dem ganzen Prozessionsweg „Streu“ ausbrachten, das war gehäckseltes Laub, aber auch Gras und Unkraut, wie Brennnesseln. Damit sollte der Priester mit der Monstranz wie auf einem grünen Teppich gehen. Die Blumen streuenden Mädchen sorgten für Farbtupfer in diesem Grün.

Ein besonderer Altarschmuck waren Buchskränzchen mit Kornblumen, die nach der Prozession – wie alles, was mit dem Allerheiligsten in Berührung kam –, abgehängt und nach Hause getragen

wurden. Man versprach sich davon Schutz vor Blitz und Ungemach. Vor allem die Kornblumen sollten bei Verletzungen blutstillend wirken. Das Birkenreisig des Altarschmucks wurde zur Abwehr von Mäusen und anderem Ungeziefer ins Feld gesteckt oder im Haus im Herrgottswinkel angebracht, um so Krankheit, Seuche und Naturgewalt vom Hause fernzuhalten. Auf den Altären wurde die Monstranz jeweils in einen aus Feld- und Gartenblumen gewundenen Kranz gestellt. Diese Kränze galten übers Jahr als besonders segensreich: Kinder, die nicht wachsen wollten, „bärengleichig" waren oder nicht laufen lernten, auch mit der englischen Krankheit und Epilepsie behaftete, stellte man in diesen Kranz; – der Wirkung des Segens nach gab es dann groß gewachsene starke Buben und hübsche Mädchen. Regional gab und gibt es die Fronleichnamsprozession auch als Reiter- oder Schiffsprozession.

WETTERREGELN

Der volkstümliche Herrgottstag war auch bezüglich der Wetter- und Ernteprognosen ein besonderer Tag, obwohl dies wegen des variablen Termins zwischen dem 21. Mai und dem 24. Juni (je nach dem Ostertermin) meteorologisch nicht einleuchtet. Es ist verständlich, dass sich nicht nur die Bauern für diesen Tag sonniges Wetter erhofften, sondern auch alle am Fest Beteiligten. Für die Landwirtschaft aber hatte das Fronleichnamswetter weiterreichende Folgen, denn:

„Wenn 's am Herrgottstage regnet, ist der Sommer selten gesegnet."

„Es folgt für uns ein gutes Jahr, wenn es an Corpus Christi klar."

Auch das Folgewetter war nach der Wetterregel vom Fronleichnamswetter abhängig:

„Regnet's am Fronleichnamstag, regnet's noch vier Wochen danach."

Und noch ein hoffnungsvoller Spruch für die Winzer:

„Corpus Christi schön und klar, guter Wein in diesem Jahr."

Blütenteppiche sind eine neuere Tradition, Birkenreisig wurde schon früher verwendet.

Juni

Der Monat Juni (lat. *mensis Iunius*) ist der sechste Monat des Julianischen und des Gregorianischen Kalenders mit 30 Tagen. Er entspricht dem wohl nach der Göttin Juno benannten vierten Monat „Iunius" des altrömischen Kalenders mit 29 Tagen. Juno, Gattin des Göttervaters Jupiter, war die Göttin der Gestirne sowie Stifterin und Hüterin der Ehe und der Liebenden. Die mittelalterlichen Namen „Brachmonath", „Brachmond" (althochdeutsch brahmanod), „Brächet" weisen auf eine im Mittelalter weitverbreitete Wirtschaftsform in der Landwirtschaft hin. Sie stammen aus der Zeit der Dreifelderwirtschaft: Ein Drittel der Anbaufläche blieb nach der Ernte als Schwarzbrache oder als Brache mit natürlichem Aufwuchs für ein Jahr liegen. Während dieser Zeit wurden die Felder immer wieder gepflügt.

„Wenn kalt und nass der Juni war, verdirbt er fast das ganze Jahr."

Johannistag (24. Juni)

Der Johannistag am 24. Juni ist sowohl in symbolischer wie zeitlicher Hinsicht eng mit dem nichtreligiösen Fest der Sommersonnenwende verbunden – der kürzesten Nacht des Jahres und dem Beginn des Sommers.

Im Christentum ist es der Tag, an dem der Geburt von Johannes dem Täufer, dem Bußprediger vom Jordan, gedacht wird, der nach dem Lukasevangelium am 24. Juni zur Welt kam. Er ist ein leiblicher Vetter Jesu und wird als sein Vorläufer bezeichnet. Neben Maria ist er der einzige Heilige, bei dem nicht der Todestag, sondern der Geburtstag gefeiert wird.

Die katholische Kirche feiert den Johannistag zu Ehren Johannes dem Täufer als Hochfest. In der evangelischen Kirche ist dieses Datum ebenfalls fest verankert.

Nach der Christianisierung der germanischen Stämme versuchte die Kirche, den heidnischen Sonnenwendbrauch abzuschaffen. Da alle Versuche scheiterten, legte die Kirche schließlich im 5. Jh. den Gedenktag für Johannes den Täufer auf den 24. Juni und übernahm zahlreiche Bräuche. Auch die Bedeutung von Johannes dem Täufer ist in der 2000-jährigen Kirchengeschichte außergewöhnlich. So war und ist er für unzählige Kirchen auf der ganzen Welt Patron, Schutzheiliger insbesondere von Taufkirchen.

BRAUCHTUM

Kaum ein Heiligenfest hatte zu Zeiten unserer Vorfahren eine so große Bedeutung wie der St. Johannistag oder auch die St. Johannisnacht zur Zeit der Sommersonnwende. Durch die Lage in der zeitlichen Mitte zwischen zwei Weihnachtsfesten wurde „Johanni" auch zur Sommerweihnacht.

Zahlreiche Bräuche und Volksanschauungen vom Glauben bis hin zum Aberglauben ranken sich um diesen Termin.

Zur Zeit der Sommersonnwende wurden schon in vorchristlicher, germanischer Zeit zu Ehren des Frühlingsgottes Baldur nächtliche Feuer entzündet. Und wie dieser einst die Felder vor den Unbilden des Wetters, vor Hagel und Überschwemmungen schützen sollte, wurden die Feuer nach der Christianisierung Germaniens auf den mächtigen Rufer aus der Wüste umgemünzt.

In einigen Gegenden und Ländern zündet man auch heute wieder Johannisfeuer an und verbindet sie mit zahlreichen Ritualen, die früher schon Geltung hatten. Die Burschen sammelten am Abend vor der Sonnenwende Holz und Reisig und zündeten auf einem Berg oder Hügel das „Santihansfür" (Sankt-Johannes-Feuer) an. Wer kein Holz zu diesem Feuer gab, dem sollte binnen Jahresfrist das Haus abbrennen und eine schlechte Ernte beschieden sein. An manchen Orten wurden an diesem Abend alte, abgestumpfte Besen, die Hexensinnbilder, in diesem Feuer verbrannt. In Franken sangen die Burschen sogar, wenn sie vergeblich nach Feuerholz angefragt hatten: „Wer kei Holz zum Feuer git, erlangt das ew'ge Leben nit!"

Man tanzte um das Feuer und schwang brennende Besen durch die Luft. Wer durch dieses Feuer sprang, konnte verborgene Schätze sehen und wahrsagen. So hoch man darüber sprang, so hoch sollte der Hanf oder Flachs werden. Deshalb wurden zum Sprung oft Stangen zu Hilfe genommen mit dem Spruch: „Wichs, wachs, dass Hanf und Flachs drei Ellen lang wachs!"

Man machte bei diesem Feuer auch Kränze von Rittersporn, Beifuß, Eisenkraut oder auch von Fliederblüten und warf sie in die Flammen mit den Worten: „Wie dieser Kranz mög' all mein Missgeschick verbrennen und in Nichts zerfallen."

Um alles Unglück für das kommende Jahr abzuwaschen, gehörten auch da und dort „Quellgänge“ zum Johannistag. Es musste fließendes Wasser aus Quellen oder Bächen sein, mit dem man die mit Blumen geschmückten Frauen und Mädchen besprengte.

Denn der Johannistag galt vielfach auch als ein Unglückstag: Man durfte an ihm keine Reise machen und keinen Baum besteigen, sonst war ein Unglück angesagt. Überdies waren unziemliche Trinksitten und Händeleien verboten. Sehr weit verbreitet waren auch die Johannisnacht-Liebesorakel, die wieder an den alten Baldur, den Beschützer der Liebe und Ehe, den Sonnengott und Förderer aller Fruchtbarkeit, erinnerten. Die heiratslustige Jugend wollte dem Schicksal gern einmal in die Karten schauen, und die holde Weiblichkeit war im Erdenken von Mitteln und Wegen hierzu geradezu genial erfinderisch. Vor allem im Osten Deutschlands pflückten die Mädchen am Abend des Johannistages Feldblumen, banden sie zu Kränzen und warfen sie in die Bäume. So oft der Kranz nicht im Astwerk hängen blieb, sondern herunter fiel, so viele Jahre hatte das Mädchen noch zu warten, ehe sie ein Freier ins häusliche Glück führte.

Anderswo stachen die heiratslustigen Mädchen zu Johanni Rasenstücke aus, legten sie wieder an denselben Ort zurück und überzeugten sich am nächsten Tag, ob der künftige Schatz beispielsweise ein Soldat oder Jäger sein werde. Denn sitzt auf dem Rasenstück ein roter Käfer, so wird ’s ein Soldat sein; sitzt ein grüner dort, dann ist ’s ein Mann vom lustigen Waidwerk. Ist ’s aber ein Mistkäfer, der sich auf dem Rasen niedergelassen hat, so muss die Jungfer mit einem einfachen braven Landmann vorliebnehmen. Diese solide Käferart ist aber immer noch erwünschter als der Fall, dass das Rasenstück am Johannistag leer bleibt; dann kommt nämlich der Freier in diesem Jahr überhaupt noch nicht.

Im Zusammenhang mit Abwehreigenschaften gegen Geister und Teufel kommt dem Johanniskraut eine wichtige Bedeutung zu. Der Name bezieht sich auf Johannes den Täufer, da die Pflanze um den Johannistag herum blüht. Volkstümlich wird das Johanniskraut auch als Jesuwunderkraut, Wundkraut oder Herrgottsblut bezeichnet. Der Legende nach stand Johanniskraut unter dem Kreuz und fing einen Tropfen des Blutes Christi auf. Deshalb tritt roter Saft aus, wenn man die Blätter zerreibt. Seit über 2000 Jahren wird Johanniskraut von Heilkundigen eingesetzt.

So galt z. B. ein Johannisbad als heilkräftig und zeigte Wirkung für neun andere Bäder.

Das Johanniskraut, ein 25- bis 90 Zentimeter hohes gelb blühendes Kraut, mit wissenschaftlichem Namen „*Hypericum perforatum*“, ist auch heute noch, unabhängig vom Aberglauben, ein wichtiges Heil- und Hausmittel, dem zahlreiche Heilkräfte zugeschrieben werden und das auch dem Vieh zur Stärkung unter das Futter gemischt wird.

Kräuter, besonders die beim Volke in hohem Ansehen stehenden „neunerlei Kräuter“ wurden unbemerkt in der Johannisnacht gepflückt. Dazu gehörten neben dem Johanniskraut auch Bärlapp, Beifuß, Farnkraut, Klatschmohn, Kornblume, Lilie, Rittersporn und Rose. Die daraus gewundenen Johanniskränze wurden als Schutz vor Gewittern auf die Dächer gelegt oder über Tür und Fenster gehängt zur Abwehr von Geistern und Dämonen. Denn auch schon in der vorchristlichen Zeit diente das Johanniskraut als „fuga daemonum“, als Teufelsvertreiber gegen dämonische Kräfte.

Mit der Haselrute als Wünschelrute, die in der Johannisnacht als gabelförmige Glücksrute geschnitten wurde, suchte und hob man Schätze, stellte Diebe und konnte auch Abwesende damit schlagen. Dem Farn und seiner Wurzel sagte man in der Johannisnacht besondere Wirkung und Bedeutung nach. Da Farne Sporenpflanzen sind, ihnen Blüte und Früchte fehlen, beflügelte dies unsere Vorfahren zu wilden Spekulationen: Er solle, so hieß es, in der Johannisnacht, genau um Mitternacht, eine goldene Blüte hervorbringen, die um Mitternacht wie Gold funkelt, und an der Wurzel suchte man nach einem Goldknopf. „Farnsamen“, in dieser Nacht gewonnen, verwandelten sich dem Aberglauben nach in Goldkörner, und wer mit einer „Farnblüte“ in der Hand auf einen Bergkamm stieg, fand eine Goldader.

In einigen Gegenden reichte man am Festtag den „Johannissegen“: Von alten Zeiten her wurde der von Gilden gestifteter Wein vom Priester geweiht und gesegnet und hernach in der Kirche ausgeteilt. In manchen Gegenden trank man von diesem gesegneten Wein bei der Erstkommunion oder bei kirchlichen Trauungen, schüttete auch davon in Weinfässer, um den Wein haltbar und klar zu machen. Gerade durch seine kalendarische Lage um die Sommersonnwende mit den nun kürzer werdenden Tagen ist auch diesem Phänomen ein Spruch gewidmet: „Wenn Johannes ist geboren, geh’n die langen Tag’ verloren.“

WETTERREGELN

„Johanni" gilt auch als wichtiger Lostag in der Landwirtschaft. Deshalb ranken sich um diesen Termin zahlreiche Wetter- und Bauernregeln. Einhellig äußern diese, dass es an diesem Tag nicht regnen soll, um von Missernten verschont zu bleiben:
„Vor Johanni bitt' um Regen, nachher kommt er ungelegen."
„Tritt auf Johanni Regen ein, dann kann der Nachwuchs nicht gedeih'n."
Vor allem für Nüsse ist Johannisregen schädlich:
„Sankt Johannis Regengüsse verderben uns die besten Nüsse."
„Regnet 's an Johanni sehr, sind die Haselnüsse leer."
Die Ernteregeln besagen, dass nun das erste Getreide geerntet werden kann:
„Nach dem Tag von Sankt Johann schlägt der erste Mäher an."
„Bringt Johannes Sommerhitze, ist es Korn und Runkeln nütze."
Doch für Roggen und Hafer gelten spätere Erntetermine:
„Vor Johanni soll nicht der Roggen reifen und auch nicht der Hafer die Rispe zeigen."
„Bleicht der Roggen vor Johann, fängt die Ernte düster an."
Dass nun die Kirschen zu färben beginnen und die Spargelernte zu Ende geht, sagt kurz und bündig der Spruch:
„Kirschen rot, Spargel tot."
Da „Johanni" genau sechs Monate vor Heiligabend gefeiert wird, wird schon zur Vorsorge für den nächsten Winter aufgerufen, zumal man früher vor allem mit Holz und Torf heizte; beides musste frühzeitig beschafft werden:
„Ein kluger Mann sorgt für Torf vor Sankt Johann!"
„Kauf dein Holz zu Johannis, willst du es haben zu Michaelis (29.9.)!"

Nasses Heu zu trocknen, war sehr mühsam. Wenn die Ernte ohne Regen gelang, waren alle froh. Und daran hat sich bis heute nichts geändert.

Siebenschläfertag (27. Juni)

Am 27. Juni ist im Kalender „Siebenschläfer" verzeichnet. Einer Heiligenlegende nach ist im kirchlichen Namenskalender der Siebenschläfertag „Sieben Schläfern", Jünglingen aus Ephesus, gewidmet.

Den in zahlreichen Variationen existierenden Legenden ist eines gemeinsam: Sieben Brüder, Christen und Schafhirten, aus der kleinasiatischen Küstenstadt, wurden ihres Glaubens wegen verfolgt, flohen in eine Höhle und wurden auf Befehl des Kaisers Decius im Jahr 251 lebendig eingemauert. Im Jahr 447 wollte ein Bürger die Höhle als Schafstall benutzen und ließ das Mauerwerk entfernen. Die Brüder erwachten und glaubten, nur ganz kurz geschlafen zu haben, waren aber in den knapp 200 Jahren zu Greisen gealtert und bezeugten den Glauben an die Auferstehung der Toten; sie starben noch im gleichen Jahr. Ein Zeichen, wie beeindruckt die Menschen von dieser Legende waren, ist die Tatsache, dass sie im 6. Jahrhundert von Gregor von Tours ins Lateinische übersetzt wurde und dass es davon auch mehrere griechische und syrische Varianten gibt. Selbst in den Koran und ins nordische Sagengut fand sie Eingang.

Ihre Namen wurden mit Maximilian, Malchus, Martinian, Dionysius, Johannes, Serapion und Constantin überliefert.

Die „Sieben Schläfer von Ephesus" gelten als Schutzpatrone der Schiffer.

Im Volksglauben werden die „Sieben Schläfer" irrigerweise auch mit dem Siebenschläfer, einem nachtaktives aus der Familie der Bilche, in Verbindung gebracht. Dieser erhielt seinen Namen wegen seines sieben Monate dauernden Winterschlafs.

WETTERREGELN

Der Siebenschläfertag gilt als Tag der Wetterentscheidung für die nachfolgenden Wochen und damit auch für die Erntezeit. Allerdings verschob sich wegen der gregorianischen Kalenderreform die Bedeutung dieses Lostages um etwa zehn Tage später auf den 7. Juli. Dennoch hat die Grundaussage, dass das Wetter am 27. Juni, dem Siebenschläfertag, noch sieben Wochen anhält, viel Richtiges: Wetterbeobachtungen im Sinne der Meteorologie bestätigen die volkstümliche Wetterregel, dass sich in Mitteleuropa Ende Juni der Charakter des Sommers als regnerisch oder regenarm entscheidet.

Früher wie heute wird im Mai oft der „erste Schnitt“ Heu geerntet.

So verwundert es nicht, dass sich viele Bauernweisheiten und Wetterregeln um den Siebenschläfertag ranken.

„Wenn 's an Siebenschläfer gießt, sieben Wochen Regen fließt.“

„Ist der Siebenschläfer nass, regnet es ohne Unterlass.“

Die Bedeutung der biblischen Zahl Sieben wird hier augenscheinlich. Es gibt aber auch eine Regel, die die Siebenwochenregel auf zwei Wochen verkürzt:

„Siebenschläferregen wird erst zu Laurentius (10.8.) sich legen.“

Selbstverständlich gelten die Prognosen im Umkehrschluss auch für sonniges und warmes Wetter, das dann entsprechend lange andauert. Interessanterweise gibt es dazu aber kaum eine Regel, vermutlich weil Sonne und Hitze in dieser Zeit als der Regelfall angesehen werden.

Dass die Siebenschläferregel mit bis zu 80 Prozent in Süddeutschland eine hohe Trefferquote erreicht, erklärt sich aus der geografischen Lage, ist aber auch ein Zeichen dafür, dass uns unsere Vorfahren hinsichtlich der Naturbeobachtung weit überlegen waren.

Ein Paradebeispiel für die Treffergenauigkeit war der Sommer 2009. Der Siebenschläfertag und auch die Tage danach waren mehr als abwechslungsreich: Sonne, Schwüle, Gewitter mit reichlich Regen, oft mehrmals am Tag, bildeten die reinste Achterbahnfahrt. Und so blieb das Wetter mehr oder weniger bis weit in den August hinein. Hingegen hatten wir 2010 den ganzen Juli über (also vier Wochen) große Hitze, dagegen war der August für Sonnenhungrige die reine Enttäuschung. Ein eindrucksvolles Beispiel für die Treffer-Genauigkeit der Siebenschläferregel war auch der Sommer 2015. Bereits Ende Juni und dann fortwährend bis weit in den August hinein herrschte bei uns in Süddeutschland große Hitze, während die Gartenfreunde und Landwirte sehnlichst auf Regen warteten.

Neben der Bedeutung der Siebenschläfer für die Wetterentwicklung gelten die sieben Brüder auch als Schutzheilige gegen Schlaflosigkeit und Nervenleiden.

Die fromme Fantasie der Menschen führte in früheren Zeiten wie an vielen anderen Lostagen zu manchem Aberglauben. Das Fangen von Krebsen am Siebenschläfertag sollte gegen die Tollwut helfen. Durch das Pflücken von „Eiskraut“ war man gefeit gegen Schlaflosigkeit und Kopfweh und letztlich achtete man an diesem Tag darauf, nicht zu verschlafen, denn wer an Siebenschläfer nach sieben Uhr aufsteht, wird das ganze Jahr ein Langschläfer bleiben.

Juli

Der Monat Juli (lat. *mensis Iulius*) mit 31 Tagen ist der siebente Monat des Julianischen und des Gregorianischen Kalenders. Er entspricht dem fünften Monat des altrömischen Kalenders, hieß bis 44 v. Chr. „Quinctilis" und wurde dann zu Ehren des römischen Staatsmanns und Feldherren Gaius Iulius Caesar in Iulius umbenannt (Caesars Geburtsmonat).

Alte Bezeichnungen des Monats Juli wie „Rödmanoth" (altgermanisch), „Hewimanoth" (althochdeutsch), „Heumond", „Bärenmonat", „Wärmemond" usw. geben Hinweise auf die im Juli herrschende Wärme, aber auch auf die landwirtschaftlichen Arbeiten wie Wiesen mähen, Gras hauen. Denn das Wort „Heu" kommt aus dem mittelhochdeutschen „Hour" bzw. dem althochdeutschen „Houwi" und ist aus dem Wort „Hauen" abgeleitet – Heu ist dann „das Gehauende".

„Im Juli will der Bauer lieber schwitzen, als untätig hinterm Ofen sitzen."

Hundstage (23. Juli–23. August)

Als Hundstage werden im Allgemeinen die Kalendertage vom 23. Juli bis zum 23. August bezeichnet. Mit Schatten suchenden Vierbeinern haben sie nichts zu tun; sie bezeichnen vielmehr eine Schönwetterperiode, die nach dem Hundsstern Sirius, der in diesen Tagen mit der Sonne auf- und untergeht, benannt ist. Sirius erscheint als hellster Stern bereits in der Morgendämmerung. Vom Aufgang des Sternbildes „Großer Hund" (lat. Canis Maior), worin Sirius den Hauptstern darstellt, bis zur Sichtbarkeit als Gesamteinheit vergehen 30 bis 31 Tage.

Aus der Zeit des Römischen Reiches stammt die noch heute gültige Festlegung des Beginns und des Endes (23. Juli bis 23. August) der Hundstage (lat. dies caniculares). Im Lauf der Jahrhunderte hat sich jedoch der Zeitraum etwas verschoben. Denn heute erscheint der Sirius am östlichen Morgenhimmel nicht mehr zeitgleich mit den nach ihm benannten Hitzetagen, sondern erst in der zweiten Augusthälfte, der größte Teil der Hundstage reicht damit in den September hinein. Astronomen haben errechnet, dass das als heliakischer Aufgang (= Oberbegriff der Astronomie und bedeutet „zur aufsteigenden Sonne gehörend“) bezeichnete Ereignis des Hundssterns in 10 000 Jahren sogar erst im Januar sichtbar sein wird – astronomisch gesehen würden die Hundstage dann in den tiefsten Winter fallen. Irrtümlich glaubte man, Sirius sei für die Hitze des Hochsommers verantwortlich,doch lediglich der Aufgang des Sirius fällt mit dem der Sonne zusammen. Aber der alten Tradition entsprechend werden die vier heißesten Wochen des Jahres noch immer als „Hundstage“ bezeichnet.

Während die Astronomen des alten Ägypten die in der flirrenden Sommerhitze besonders häufig erscheinenden Fata Morganas als den „vom Himmel tropfenden Speichel des Hundssterns“ bezeichneten, erklärten die alten Griechen den Zusammenhang der größten Sommerhitze und der Wiederkehr des Sirius mit dem Mythos: „Die Verschmelzung des Sonnenlichts mit dem Feuer des Sirius sei die Ursache der großen Hitze“. Später erkannten auch schon die griechischen Astronomen, dass Sirius nicht der Grund der Sommerhitze ist, sondern dass der Hauptstern des „Großen Hundes“ rein zufällig in der heißesten Jahreszeit mit der Sonne aufgeht.

Die Dauer der Hundstage erklärt sich durch die Tatsache, dass vom ersten Auftauchen des Sirius in der Morgendämmerung bis zum vollständigen Erscheinen des gesamten Sternbildes rund ein Monat vergeht, denn die anderen Sterne des „Großen Hundes“ werden um diese Zeit noch vom Licht der Sonne überstrahlt oder sind zum Teil noch gar nicht aufgegangen. Erst rund einen Monat nach der Wiederkehr des Sirius ist der Abstand zwischen der Sonne und dem Sternbild groß genug, dass auch die lichtschwächeren Hundssterne am Morgenhimmel vor Sonnenaufgang sichtbar werden.

Unsere Vorfahren erkannten durch ihre genaue Naturbeobachtung und durch ihre große Abhängigkeit von Naturereignissen das auffallende Phänomen des Hundssterns, weil sie in der Erntezeit ohne Hilfe von Maschinen und anderer Technik schon sehr früh aufstehen mussten, um mit Sichel und Sense ihr Getreide zu mähen. Da fiel ihnen in der sommerlichen Morgendämmerung der auffallend helle Stern verglichen mit der rot aufgehenden Sonne auf.

WETTER-REGELN

Und so zogen sie ihre Folgerungen aus dieser Erscheinung in Form von Wetter- und Ernteregeln, die in erster Linie darauf bauten, dass auf die Hundstage Verlass ist und die Ernte durch Hitze und Trockenheit gefördert wird. Dass dabei viel Schweiß floss, wurde gerne in Kauf genommen:
„Sind die Hundstage heiß, kostet 's den Bauern viel Schweiß."
„Hundstage heiß und schwül, braucht der Bauer der Hände viel."
Manche Wetterprognosen der Hundstage richten sich bereits auf Herbst und Winter:
„Hundstage heiß, Winter lange weiß."
Auch die herbstlichen Ernteaussichten hängen vom Wetter der Hundstage ab.
„Was die Hundstage gießen, muss die Traube büßen."
Die Bauern früherer Zeiten waren sich auch im Klaren darüber, dass das Wetter zu Beginn und Ende der Hundstage übereinstimmt.
„Wie die Hundstage beginnen, so gehen sie wieder von hinnen."
Und letztlich machten sie die Hundstage auch für die Qualität des Erntejahres verantwortlich:
„Sind die Hundstag' hell und klar, künden sie ein gutes Jahr, haben Regen sie bereit, kommet nicht die beste Zeit."

Jakobstag (25. Juli)

Der Jakobstag – auch St. Jakob, Jakobus oder Jacobi genannt, findet am 25. Juli als Festtag für Jakobus den Älteren (auch „Jakobus (Sohn des) Zebedäus") statt. Er zählt zu den zwölf Aposteln Jesu Christi.

Jakobus war der Sohn des Fischers Zebedäus und seiner Frau Salome und ein Bruder des Evangelisten Johannes. Da ihre Mutter eine Base der Jungfrau Maria war, gehörten sie zu der Verwandtschaft des Jesus von Nazareth. Mit ihren Eltern lebten die Brüder in Bethsaida am See Genezareth (Galiläisches Meer), wo sie zusammen mit ihrem Vater Fischfang betrieben. Auch Simon Petrus und Andreas gehörten zu diesen Fischern. Hier berief Jesus, als er am Galiläischen Meer entlang ging, seine ersten Jünger, ihm zu folgen. So auch die Brüder Jakobus und Johannes: „Sogleich verließen sie das Boot und ihren Vater und folgten ihm nach". (Matth. 4, 22).

Seit dem 8. Jahrhundert ist der 25. Juli als Festtag für Jakobus den Älteren nachweisbar. Der Apostel ist neben dem Patron von

Spanien auch Schützer der Pilger, Krieger, Apotheker, Drogisten, Hutmacher, Wachszieher und Kettenschmiede.

Dargestellt wird der Heilige auf vielfache Weise: als sitzender Apostel, als Pilger mit der Jakobsmuschel, Pilgerstab, Hut und Mantel, aber auch als Ritter und Maurentöter zu Pferd und mit dem Schwert kämpfend.

Die erstberufenen Jünger nehmen im Neuen Testament eine besondere Stellung ein, weil sie Jesus an den bedeutenden Ereignissen seines Lebens teilnehmen lässt. Jakobus ist zusammen mit Simon Petrus auf dem Berg der Verklärung (Matth. 17,1), und im Garten Gethsemane wird er Zeuge der Verzweiflung Jesu (Matth. 26,37) vor seinem Tod. Nach Jesu Auferstehung weilt Jakobus mit den anderen Aposteln in Jerusalem, wo ihnen der Auferstandene begegnet.

Nach dem Empfang des Heiligen Geistes am Pfingstfest predigte Jakobus zunächst in Judäa das Evangelium, nach der Himmelfahrt Jesu zogen die Apostel sendungsgemäß in „alle Welt" hinaus, um auch den Heiden die Frohbotschaft zu verkünden.

Der Legende nach zog Jakobus nach Spanien und missionierte im Bereich des heutigen Saragossa, wo ihm auf einer noch heute erhaltenen Säule die Muttergottes erschienen sein soll, die ihm befohlen habe, hier eine Kirche zu bauen.

Im Jahre 42 sei er wieder nach Jerusalem zurückgekehrt und habe in Judäa und Samaria die Botschaft des Gekreuzigten verkündet, womit er sich die Pharisäer und Schriftgelehrten zu erbitterten Feinden machte. Sie nahmen ihn fest und schleppten ihn vor Herodes Agrippa, einem Enkel des Kindermörders von Bethlehem.

Herodes, der sich bei den Juden beliebt machen wollte, verurteilte ihn zum Tode. Auf dem Weg zur Hinrichtungsstätte heilte er vor aller Augen noch einen Gichtbrüchigen. An der „Schädelstätte" (Golgatha) erlitt er den Märtyrertod durch Enthauptung. Die Legende endet mit dem Satz: „Dies geschah im Jahre 44 am nämlichen Tag an derselben Stelle, an welcher vor zehn Jahren Jesus Christus am Kreuze starb."

Der Leichnam des heiligen Blutzeugen wurde in Jerusalem begraben und später nach Compostela in Spanien überführt. Eine prächtige Kirche erhebt sich über den Gebeinen des heiligen Apostels, und da laut Legende schon seit vielen Jahrhunderten das christliche Volk zu Tausenden dahin wallfahrte und viele Wunder geschahen, ist diese Kirche eine von den drei berühmtesten Wallfahrtskirchen der Christenheit geworden.

Nach einer anderen Legende übergaben seine Jünger den Leichnam des Apostels nach der Enthauptung einem Schiff ohne Besatzung, das später in Galicien im Nordwesten Spaniens anlandete. Der Leichnam wurde im Landesinneren beigesetzt. Danach geriet das Grab lange in Vergessenheit. Nach der Wiederentdeckung im 9. Jahrhundert wurde über dem Grab zunächst eine Kapelle, dann eine Kirche und schließlich eine mächtige Kathedrale gebaut, um die herum sich der Pilgerort Santiago de Compostela entwickelte, wohin die Jakobswege führen.

Vom 9. Jahrhundert an wurden dem Apostel, der sich zum spanischen Nationalheiligen entwickelte, immer wieder bedeutende militärische Siege zugeschrieben, so auch im Kampf gegen die Mauren, wo der Heilige als Ritter auf einem Schimmel erschien und die christlichen Truppen zum Sieg führte. In der frühen Neuzeit erhielt Jakobus auch bei der Eroberung Amerikas und bei den Kämpfen gegen die Türken die Funktion des Schlachtenhelfers.

Historisch ist nicht nur der Aufenthalt des Apostels Jakobus auf der Iberischen Halbinsel umstritten, sondern auch die Überbringung seiner Gebeine nach Spanien. Daher wollte eine Kommission von römischen Kardinälen im späten 16. und frühen 17. Jahrhundert den relevanten Text im „Breviarium Romanum" über Jakobus' Missionstätigkeit in Spanien ändern, was zu Konflikten zwischen Spanien und der römischen Kirchenführung führte, die aber schließlich nachgeben und auf die Textänderung verzichten musste.

Wetterregeln

Für die bäuerliche Bevölkerung ist der Jakobstag mit vielen Wetterregeln verbunden, daher wird an Jacobi das Wetter besonders genau beobachtet. Vor allem werden aus dem Jakobswetter Prognosen auf das Weihnachtswetter gestellt:

„Ist Jakobi klar und rein, wird das Christfest frostig sein."

„Jakob in sonnenheller Gestalt macht uns die Weihnacht bitterkalt."

Aber nicht nur auf das Weihnachtswetter verweist Jakobus, sondern auf den ganzen Winter:

„Jakobi hell und warm, macht dich der Winter arm."

„Scheint die Sonn am Jakobstag, im Winter große Kälteplag."

Das Problem eines harten und langen Winters ist nicht nur die Be-

schaffung von ausreichendem Heizmaterial, sondern auch der notwendigen Futtervorräte für das Vieh. Daher sind auch Ernteprognosen beliebt an diesem Lostag:
„Ist es schön am Jakobstag, reicher Frucht man hoffen mag."
„Um Jakobi heiß und trocken, kann der Bauersmann frohlocken."
Groß ist die Zahl der Saat- und Ernteregeln:
„Zu Jakoben wachsen die Rüben unten und oben."
„Vor Jakobi schon Rüben groß, gibt es nachher Rübchen bloß".
Und noch ein Spruch zum Kartoffelbau:
„Fällt vor Jakobi die Blüte vom Kraut, wird keine gute Kartoffel gebaut."
Heute gilt wohl infolge der Erderwärmung folgende Bauernregel nicht mehr:
„Ist Jakobus am Ort, ziehen die Störche bald fort."
Diese lassen sich in der Regel bis in den September hinein Zeit.

August

Der Monat August (lat. „*mensis augustus*") ist nach Julius Caesars Neffen Octavian (63 v. Chr.–14 n. Chr.) benannt, der als erster römischer Kaiser den Namen Augustus (der Erhabene) annahm. Es ist der achte Monat des Julianischen und des Gregorianischen Kalenders mit 31 Tagen. Nach dem altrömischen Kalender war es ursprünglich der sechste Monat mit 30 Tagen und trug den Namen „Sextilis" (vom lateinischen sextus = sechste). Der Monat August ist auch die Zeit, in der die Getreideernte eingebracht wird, deshalb wurde er in früheren Zeiten auch als „Ernting" (Erntemonat) bezeichnet. Das Wort „Ernte" stammt vom mittelhochdeutschen „Ernde" und dieses leitet sich wiederum vom althochdeutschen „Arnot" ab. Weitere Namen sind „Sichelmond", „Schnittmonat", „Augustmond".

*„Bläst im August der Wind aus Nord, dauert das gute Wetter fort,
und die Schwalben ziehen noch lange nicht fort."*

Laurentiustag (10. August)

Am zehnten August gedenkt die Christenheit eines großen Heiligen der Urkirche, des Märtyrers Laurentius (Lorenz). Der Legende nach war er Archidiakon (Erzdiakon) von Rom unter Papst Sixtus II. und für die Verwaltung des örtlichen Kirchenvermögens und dessen Verwendung für soziale Zwecke zuständig.

Schon Anfang des 4. Jh. gehörte Laurentius zu den berühmtesten und meist verehrten römischen Märtyrern; sein Fest war nach Peter und Paul das höchste der altrömischen Liturgie. Als unter dem römischen Kaiser Valerian im Jahre 258 Christenverfolgungen begannen, vertraute Papst Sixtus Laurentius das kirchliche Vermögen an, bevor er selbst verurteilt und enthauptet wurde. Laurentius wurde vom Kaiser aufgefordert, das gesamte kirchliche Vermögen herauszugeben. Doch der Diakon verteilte dieses an die Bedürftigen der Gemeinde und ließ Arme und Kranke an einem Platz versammeln, wo er sie als den wahren Reichtum der Kirche dem Kaiser präsentierte. Erzürnt darüber ordnete der Kaiser seine Hinrichtung an, über deren Art unterschiedliche Versionen überliefert sind. Die bekannteste ist wohl die Folter durch Schläge und anschließend das Legen zwischen glühende Metallplatten und schließlich das Grillen auf einem eisernen Gitterrost, bis Laurentius den qualvollen Feuertod stirbt. Eine humorvolle, kaum vorstellbare Überlieferung sagt, dass Laurentius mitten in seinen Qualen den Henker lächelnd gebeten habe, ihn auf die andere Seite zu drehen, auf der einen sei er nun genug gebraten.

Er starb als Märtyrer 258 in Rom. Über seinem Grab ließ Kaiser Konstantin der Große die Basilika „San Lorenzo fuori le mura" errichten, die zu den sieben Hauptkirchen Roms gehört.

Bereits die älteste erhaltene Darstellung in der Bildenden Kunst aus dem 5. Jh. zeigt den Heiligen Laurentius u. a. mit diesem Attribut, dem Bratrost als Martyrium.

Die Art seines Lebens und seines Todes hat es mit sich gebracht, dass der heilige Laurentius nicht nur zum Schutzpatron der Armen wurde, sondern auch all derer, die mit Feuer zu tun haben: wie Feuerwehrleute, Köhler, Bäcker oder Köche. Er soll unter anderem vor Brandwunden, Feuer und Fieber schützen. Aber auch als Patron der Winzer wird er genannt (vor allem in den deutschen Weingegenden, wie etwa an der Mosel) , denn der August ist auch die Zeit, in der die Trauben von der Sonnenglut von allen Seiten her zum Kochen gebracht werden sollen, damit sie in der Lese einen edlen Wein abgeben:

„Sankt Laurentius lass den Weinberg braten, dass die Trauben wohl geraten."

In einem besonderen Zusammenhang steht der Laurentiustag mit einer Naturerscheinung am nächtlichen Sternenhimmel: Um seinen Todestag fallen in den Nächten zahlreich „die Sterne vom Himmel" – Sternschnuppen. Zum Gedenktag des Heiligen Laurentius am 10. August werden im Volksmund deshalb Sternschnuppen auch „Laurentiustränen" genannt. Von jeher übte im volkstümlichen Aberglauben das Beobachten von Sternschnuppen eine Faszination aus. Leuchtet eine Sternschnuppe am Himmel auf, darf man sich was wünschen, muss es aber für sich behalten, so der Aberglaube. Bei diesem Naturschauspiel handelt es sich um ein Maximum von Sternschnuppen, die Perseiden, die jedes Jahr zwischen Mitte Juli bis Mitte August auftreten. Zwischen dem 10. und 14. August sind sie jedoch besonders hell und massenhaft zu sehen.

Die Perseiden sind ein jährlich wiederkehrender Meteoritenstrom, der aus dem namensgebenden Sternbild des Perseus zu kommen scheint. Es handelt sich wissenschaftlich um Auflösungsprodukte des Kometen 109P/Swift-Tuttle. Die Erde kreuzt auf ihrer Bahn immer Mitte August die Staubspur, die der Komet im All hinterlassen hat. Die Staubteilchen rasen dabei mit hoher Geschwindigkeit in die Atmosphäre und bringen die Luftmoleküle zum Leuchten. Die Sternschnuppe ist daher nicht das verglühende Staubkorn selbst, sondern besteht aus „heißer Luft“. Wenn die Umlaufbahn der Erde der früheren Kometenbahn besonders nahe kommt, vervielfacht sich die Zahl der Meteoriten.

Seit 30 Jahren feiern die Mitglieder des Verband Deutscher Köche (VDK e. V.) den Ehrentag ihres Schutzpatrons mit einem großen Fest inklusive Festumzug. Jedes Jahr ist eine andere deutsche Stadt Gastgeber und empfängt die Köche und ihre Gäste.

2016 feierten die Köche und ihre Gäste in Fulda.

Brauchtum

Da diese Himmelserscheinungen mit dem Feuertod des Laurentius in Verbindung gebracht werden, ist entsprechend vielfältig auch das Brauchtum zu seinem Gedenktag. So heißt es zu diesem Ereignis im Volksmund:

„Laurentius kommt in finst’rer Nacht ganz sicher mit einer Sternschnuppenpracht.“

„Laurenzi“ ist für die Bauern der erste „Herbstbruder“ zum Beginn des Anbaus der Feldfrüchte im Herbst. „Laurentiusbrot“ wurde früher gesegnet und an die Armen verteilt.

Oft wurde Laurenziusbrot auch dem Vieh unter das Futter gemischt. „Laurenzilorbeer" ist die oft meterhohe, gelbblütige Goldrute, die als Heilmittel für allerlei Krankheiten gilt. Geweihte „Laurenzi-Kohlen" schützen vor Feuer, der „Laurentiussegen" schützt bei Feuer und bei brennenden Seelenqualen. Die Winzer bringen dem Heiligen an seinem Tag ihre Erstlingstrauben dar. Nach ihm ist möglicherweise auch die rote Rebsorte „St. Laurent" so benannt, deren Reifebeginn um den 10. August, dem Namenstag des Heiligen Laurentius, liegt.

Da Laurentius auch als Schutzpatron der Hirten und Herden betrachtet wird, findet auf dem Feldberg (Schwarzwald) am 10. August jedes Jahres das Laurentiusfest mit Gottesdienst und Viehversteigerung statt. Die Köche, deren Schutzpatron er ist, pflegen einen eigenen Zunftorden, die „Laurentius-Bruderschaft", und nennen sich „Laurentius-Ritter". Jedes Jahr um den 10. August treffen sich an die tausend Köche in jeweils einer anderen deutschen Stadt.

Wetter-Regeln

Wie bei jedem bedeutenden Heiligen gibt es auch für Laurentius zahlreiche Wetter- und Bauernregeln. Vom Heiligen des Feuers erwartet der Winzer natürlich „Gluthitze":

„Sankt Lorenz mit heißem Hauch füllt dem Winzer Fass und Schlauch."
„Ist Laurentius ohne Feuer, gibt es dünnen Wein heuer."
Ist Sankt Lorenz gut und fein, wird es auch die Traube sein."

In der Regel nimmt gegen Mitte August die Gewitterhäufigkeit ab und ein Großteil der Ernte ist eingebracht, daher rührt der Spruch:

„Lorenz steht bei Bauern in Gnaden, weil Gewitter nicht mehr schaden."

Den Hinweis auf die Zeit der Herbstsaat gibt folgende Regel:

„Wer Stoppelrüben will essen, darf Lorenz nicht vergessen."

Auch auf das künftige Wettergeschehen hat das „Laurenzi-Wetter" Einfluss:

„Ist Laurentius heiter, dann geht 's so weiter."

Manche Regeln werden auch mit dem Bartholomäus (24.8.) -Wetter in Verbindung gebracht:

„Sind Lorenz und Barthl schön, wird der Herbst auch gut ausgeh'n."

Dass nun, gegen Mitte August, das Wachstum der Vegetation sich verlangsamt, belegt der Spruch:

„An Laurenzi, so der Brauch, hört das Holz zu wachsen auf."

Mariä Himmelfahrt (15.August)

Das Fest Mariä Himmelfahrt ist am 15. August und zählt neben Ostern, Pfingsten und Weihnachten zu den vier Hochfesten der katholischen Kirche.

Ende des 6. Jahrhunderts legte der oströmische Kaiser Mauritius das Fest auf den 15.8. fest. Auf der Mainzer Synode von 813 wurde das Marienfest auch In Deutschland offiziell eingeführt. 1950 erhob Papst Pius XII. die ganzmenschliche Aufnahme, die Aufnahme von Leib und Seele der Mutter Gottes, in den Himmel, zum Dogma. Im Saarland und in Teilen Bayerns ist dieser Tag auch heute noch gesetzlicher Feiertag.

Obwohl die leibliche Aufnahme Mariens in den Himmel erst seit 1950 durch Papst Pius XII. zur Glaubenswahrheit wurde, gab es zu diesem Ereignis uralte Legenden und Überlieferungen, die den Volksglauben schon in den ersten nachchristlichen Jahrhunderten bestimmten. Nach dem Konzil von Ephesus (431) entstand in der Ostkirche als Vorläufer des Himmelfahrtstages zunächst das Fest „Mariä Heimgang", an dem man ihres Sterbetages gedachte, der aber nach christlichem Glauben gleichzeitig der Geburtstag für das ewige Leben bei Gott darstellte, wie es an Festen der Heiligen und besonders der Märtyrer begangen wird. Der Überlieferung nach fand der Tod Marias in der Nähe des Abendmahlsaales auf dem Berg Zion statt. Als Begräbnisstätte gilt ein Felsengrab beim Garten Gethsemane.

Der oströmische Kaiser Mauritius legte das Fest „Mariä Heimgang in den Himmel" auf den 15. August. Damit wurde ein Fest der Weinlese, das an diesem Tag schon lange im Orient gefeiert wurde, mit christlichem Inhalt versehen.

Brauchtum

Einer Legende nach soll aus dem Grab ein wunderbarer Wohlgeruch duftender Kräuter entstiegen sein. Beim Öffnen des Grabes durch die Apostel fanden diese anstelle des Leichnams der Gottesmutter wohlriechende Blumen und Kräuter, die dem Sommer zuzuordnen waren. Es wird vermutet, dass diese Überlieferung auf Bischof Juvenalis zurückgeht, der im 5. Jahrhundert in Jerusalem lebte und dem damaligen Kaiser Marcianus gesagt haben soll, die Grabtücher Mariens hätten einen „unbeschreiblichen Wohlgeruch" verbreitet.

Dieser Überlieferung nach feiert man heute um den 15.8. herum die „Kräuterweihe“, „Würzweih“ oder „Büschelfrauentag“. Dieser kirchliche Brauch, der bis ins 10. Jahrhundert zurückreicht, könnte in Anlehnung an das alttestamentarische Hohelied Salomons auf Textstellen der Marienverehrung zurückgehen. Dort wird Maria als „Blume des Feldes und Lilie der Täler“ verehrt.

Die Kräuterweihe ist der Höhepunkt des katholischen Festgottesdienstes am Himmelfahrtstag. Vielerorts wird im Anschluss daran noch eine Prozession zu Ehren der Gottesmutter veranstaltet. Schon in vorchristlicher Zeit gab es bei unseren Ahnen „Opferkräuter“, die man sammelte und zu bestimmten Zeiten der Göttin Frigga, Gattin des Gottes Wotan, darbrachte, um Geister und Hexen zu vertreiben und Unwetter fernzuhalten. Nach der Missionierung Deutschlands versuchten obrigkeitliche Verordnungen diese heidnische Sitte zu unterbinden, aber dennoch lebte sie im Volk weiter, und so funktionierte ihn die Kirche zum Zwecke der Marienverehrung um. Bei der Mainzer Synode 813 ist erstmals von der Kräuterweihe die Rede.

Über die Zahl und Art der Kräuter des Kräuterbüschels oder der „Wiehenne“, wie man bei uns sagt, gingen die Meinungen im Lauf der Geschichte stark auseinander. Regional unterschiedlich betrug ihre Anzahl zwischen sieben und 99 Kräutern, wobei immer die Symbolkraft der Zahl mit ihrem magischen Hintergrund (z. B. 7, 9, 12, 24, 77) Berücksichtigung fand. Schon in der Bibel tauchen diese Zahlen gehäuft auf. Als häufigste Kräuter werden genannt: Himmelskerze, Johanniskraut, Beifuß, Schafgarbe, Kamille, Baldrian, Bibernelle, Liebstöckel, Fünffingerkraut und verschiedene Getreidearten. Die Reihe ließe sich beliebig fortsetzen und unterlag regionalen Auswahlkriterien. Bei der Vielzahl der Möglichkeiten kamen teilweise gewaltige Sträuße zusammen.

Die geweihten Kräuter wurden in Stall und Haus – meist im Herrgottswinkel – angebracht. Man benutzte sie auch, um aus ihnen einen Tee zuzubereiten, der gegen verschiedene Krankheiten helfen sollte. Krankem Vieh wurden geweihte Kräuter ins Futter gemischt und geweihtes Getreide dem neuen Saatgut beigemengt. Bei Gewit-

„Wiehennen“ werden regional ganz unterschiedlich zusammengetragen. Nach der Weihe deponierte man die Kräuter und Gräser in Haus, Stall und Hof.

ter warf man die Kräuter ins offene Feuer, um Schutz vor Blitz und Unwetter zu erlangen. Den Toten legte man in den Sarg ein Kreuz aus geweihten Kräutern. Die „Wiehenne“ zu tragen, war früher den Mädchen vorbehalten so wie die Palmen am Palmsonntag den Buben; heute aber tragen die Christen beiderlei Geschlechts und unabhängig vom Alter an beiden Feiertagen ihre zu weihenden Sträuße zum Gottesdienst. Bei der Segnung erbitten die Gläubigen, dass Gott die Heilkraft der Pflanzen vermehren und diejenigen segnen wolle, die sie vertrauensvoll gebrauchen.

Am Tag Mariä Himmelfahrt beginnen auch die „Frauendreißiger“. So werden die 30 Marientage von „Mariä Himmelfahrt“ bis zum 15. September genannt. Die Frauendreißer sind die überleitende Zeit in den Herbst und vielerorts finden Marienprozessionen und Marienwallfahrten statt. Zugleich war der „Frauendreißiger“ auch eine Fastenzeit, denn während der Sommerhitze konnte man gut auf Fleischspeisen verzichten, sie wurden ersetzt durch Obst und Gemüse, das es in Feld und Garten reichlich gab. Am Ende entschädigten dann üppige Erntedank- und Kirchweihfeste für das dreißigtägige Fasten.

Wetterregeln

Eine Vielzahl von Wetter- und Bauernregeln belegt die Bedeutung des höchsten Marienfestes im ländlichen Raum. Dabei halten sich Saat- und Ernteregeln die Waage.

„Wer Rüben will, recht gut und zart, sä’ sie zu Mariä Himmelfahrt.“
„Um Mariä Himmelfahrt, das wisse, gibt es schon die ersten Nüsse.“
„Mariä Himmelfahrt Sonnenschein, bringt meistens uns viel guten Wein.“

Und so kam es, dass die Kinder am Festtag Wal- und Haselnüsse als „Mariennüsse“ geschenkt bekamen. Wie an den meisten Lostagen wünscht man sich auch am Himmelfahrtstag Sonnenschein, einerseits wegen der guten Ernteaussichten, andererseits auch wegen einer zu erwartenden Schönwetter-Periode:

„Hat uns’re Frau gut Wetter, wenn sie zum Himmel fährt, sie schöne Tage uns beschert.“

Auch die Winzer erhofften sich von einem sonnigen Himmelfahrtstag eine reiche Ernte:

„Scheint die Sonn’ nach ihrer Art an uns’rer Frauen Himmelfahrt, ist ’s gutes Zeichen allen Leuten, dass es wird guten Herbst bedeuten.“
„Schön Wetter zu Mariä Himmelfahrt verkündet Wein von bester Art.“

September

Der Monat September (lat. *mensis septem*) war im römischen Kalender der siebte Monat des Jahres, da ursprünglich das Jahr mit dem 1. März begann und es wohl anfänglich nur zehn Monate gab. Nach der Kalenderreform ist es im Julianischen und im Gregorianischen Kalender der 9. Monat des Jahres. Die Zählweise wurde aber nicht korrigiert, sodass sich die letzten vier Monate des Jahres auch heute noch von den lateinischen Zahlwörtern sieben bis zehn ableiten lassen.

Alte Namen für den September sind z. B.: „Witumanoth" (= Monat des Holzsammelns), „Herbstmond", „Herbstmonat" oder „Herbsting", (= Hinweis auf die Herbst-Tagundnachtgleiche (23.9.), auf den Herbstbeginn). Der Name „Scheiding" leitet sich vom althochdeutschen Wort skeidan = schneiden ab und soll bedeuten, dass sich die warme von der kalten Jahreszeit scheidet.

Eine allgemeine Wetterregel für September lautet so:

„September schön in den ersten Tagen, will den ganzen Herbst ansagen."

Etwas „blumiger", aber mit der gleichen Aussage über das Wetter im September können wir bereits in Zedlers Universal-Lexikon aus dem 18. Jahrhundert nachlesen:

„Der Landmann hält sich insgemein an folgende Wetter-Regeln": „Nehmlich zu Anfang dieses Monaths tritt der Hirsch in die Brunst; wenn er nun an einem schönen Tage eintritt, so werde man desgleichen bei seinem Austritt haben; Und so der Hirsch etwas langsamer, als sonsten insgemein jährlich geschiehet, in die Brunst tritt, so hält man es vor ein Zeichen, daß es auch langsamer werde Winter werden. Ingleichen, wenn er eher, als sonst gewöhnlich ist, brunstet, soll es auch einen frühen Winter bedeuten."

Michaelistag (29. September)

Mit Michaeli kündigt sich der Herbst an: Wenn die Nächte wieder länger als die Tage werden, beginnt mit dem Michaelisfest am 29. September das Ende des Kirchenjahres.

Im christlichen Abendland wurde Michael schon im 4. Jh. n. Chr. verehrt. Er gilt als Führer und „Bannerträger" der himmlischen Heerscharen, als Vertrauter Gottes und Fürsprecher der Menschen bei Gott, als Engel der Gerechtigkeit und der Gnade. Er galt als der Engel, der Adam und Eva aus dem Paradies vertrieb, der Lucifer in die dunkle Hölle verbannte und der mit seiner Posaune die Toten aus ihren Gräbern auferwecken wird. Daher gilt er als Beistand der Sterbenden, der die Seelen der Verstorbenen in den Himmel geleiten wird. Viele Friedhofskapellen haben ihn als Patron. In der Erzdiözese Freiburg gibt es etwa 80 Pfarreien, die sich Michael als Schutzpatron gewählt haben.

Dargestellt wird der Erzengel häufig in voller Rüstung, mit Flammenschwert und Seelenwaage.

Bereits Ludwig der Fromme legte auf dem Konzil von Mainz 813 das Michaelisfest auf Ende September fest und christianisierte so die heidnische Festwoche – ein vorchristliches Erntefest zur Herbst-Tagundnachtgleiche mit Opferfeierlichkeiten zu Ehren des germanischen Gottes Wotan –, indem er den Germanengott durch den Erzengel Michael ersetzte.

Bei der Reform des liturgischen Kalenders der katholischen Kirche 1969 wurde der Gedenktag dann auf den 29. September festgesetzt, an dem auch gleichzeitig den Erzengeln Gabriel und Raphael gedacht wird.

Etliche dem Erzengel Michael geweihte Kapellen sind auf ehemalige Wodan-Heiligtümern errichtet. Auch soll der Heilige Michael in verschiedene Schlachten eingegriffen haben. So gilt er in der Schlacht auf dem Lechfeld (955) gegen die Ungarn als Bannerfigur der Deutschen. Seither ist Michael der Schutzpatron der Deutschen, u. a. Patron der Soldaten sowie Krieger und Namensgeber des „deutschen Michel“. Der Michaelistag erinnert die Menschen daran, dass sie auf ihrem Weg in die dunkle Jahreszeit und bei den kommenden Herbststürmen von Gott und seinen Engeln begleitet und geschützt werden.

Bei den Heiligen ist der Gedenktag meist der Todestag. Weil aber ein Engel keinen Todestag hat, bekam Michael als Namenstag den Weihetag der Kirche Sankt Michael in Rom zugesprochen. Das deutsche Wort Engel entspricht dem lateinischen „Angelus“ und bezeichnet einen Gottesboten. Die hebräische Bezeichnung „Michael“ heißt auf Deutsch „Wer ist wie Gott?“ Das war des Erzengels Ausruf bei der Niederringung des „gefallenen“ Engels Luzifer, der sich gegen Gott auflehnte.

Die Deutschen haben von jeher zu Sankt Michael ein besonderes Verhältnis. Schon die Langobarden trugen auf ihren Münzen und

Sturmbannern sein Bildnis. Sein Name war unantastbar, sodass sogar Eide auf ihn geschworen wurden. Durch seine Waage, mit der Gutes und Böses abgewogen wird, wurde er zum Patron der Apotheker und Krämer.

Mit den seit dem 19. Jahrhundert bekannten Karikaturen als „Zipfelmützen-Michel", Symbol des verträumten und schlafmützigen „Deutschen Michel", der in den deutschen Reichen ein unpolitisches und harmloses Leben führte, finden sich keine stichhaltigen Zusammenhänge – auch wenn dieser Bezug weit verbreitet ist.

BRAUCHTUM

Michaeli war im Mittelalter, aber auch bereits in vorchristlicher Zeit bei den Germanen, Gerichtstag (altgermanisch mit „Thing-Tag" bezeichnet) und bis ins 20. Jahrhundert hinein ein gebräuchlicher Stichtag für die Rückzahlung von Darlehen, für den Ablauf gesetzlicher Fristen und vor allem ein wichtiger Markttermin. An diesem Tag wurden auch Rechts- und Verwaltungsgeschäfte getätigt, und im ländlichen Raum konnte das Gesinde seinen Dienstherrn wechseln.

Der Michaelstag galt in verschiedenen Landschaften als Sommerende und Ernteschluss. Durch das Entzünden des Michaelsfeuers verabschiedete man offiziell den Sommer und dankte für die eingebrachten Feldfrüchte in kirchlichen und weltlichen Erntedankfeiern mit Umzügen und Tanzveranstaltungen.

Seine Feiern verschmolzen vielfach mit der Kirchweih: Gerne deckte man sich auch auf den verbreiteten Michaelsmärkten mit Kleidung und Gebrauchsgegenständen für den kommenden Winter ein. Und zum Abschluss des Sommers gab es auf den Höfen einen üppigen Ernteschmaus, mit dem auch die scheidenden Knechte und Mägde verabschiedet wurden. An Michaeli hörte das Kühe hüten auf, und die Weiden waren frei. So wurde Michaeli auch der Tag des Viehhandels:
„An Michaeli kaufe Vieh, aber brich den Verkauf nicht übers Knie!", war ein wohlmeinender Rat zu diesem Termin.

WETTERREGELN

Zahlreiche Spruchweisheiten gab es zu diesem wichtigen Lostag. Die Gärtner und Obstbauern pflegten den Merkspruch:
„Ein Baum gepflanzt Sankt Michael, der wächst von Stund' an auf Befehl."

In der Weinregion Süddeutschland dreht sich im September schon vieles um die Trauben.

Zu diesem Termin war es aber auch höchste Zeit, die Wintersaat auszubringen:
„Um Michaeli in der Tat gedeiht die beste Wintersaat.“
Wetterprognosen stellte man am Michaelstag auf vielfältige Art. Man beobachtete die Baumfrüchte:
„Fallen die Eicheln vor Michael ab, so kommt der Winter gewiss im Trab.“
Auch der frühe oder späte Flug der Zugvögel war für das Winterwetter aussagekräftig:
„Sind die Zugvögel bis Michaelis noch hier, steht kein harter Winter vor der Tür.“

Das Wettergeschehen dieses Lostages ließ ebenfalls Prognosen zu:
„Wenn Michael der Wind aus Nordosten weht, ein strenger Winter zu erwarten steht."
„Regnet Sankt Michael ohne Gewitter, so wird im Winter die Kälte nicht bitter."
Aber für das Weihnachtswetter bedeutet das entsprechend Regen statt Schnee:
„Wenn der Erzengel sich die Flügel badet, an Weihnacht uns der Regen schadet."
Am Fest des Erzengels gibt es auch besonders langfristige Regeln mit Blick auf das folgende Jahr:
„So viel Reif und Schnee vor Michael, so viel auch in der Walpurgisnacht (30.4.)."
„Soviel Schnee vor Michael fällt, so lange sich das Eis nach Georgi (23.4.) noch hält."
Zu Michael sind die meisten Feldfrüchte bereits eingebracht, und die Felder liegen leer, da gilt es bereits an die Wintersaat zu denken:
„Wird zu Michael gesät, ist 's nicht zu früh und nicht zu spät."
„Wer an Michaeli bestellt die Wintersaat, der gute Ernte zu erwarten hat."
Der Volksglauben der Bauern kennt für diesem Tag auch ein ganz altes Michaels-Orakel über die Beschaffenheit des Inhalts von geöffneten Galläpfeln (Eichäpfel), die die Fruchtbarkeit des kommenden Jahres voraussehen lassen:
„Willst du sehen, wie das Jahr geraten soll,
So merke folgende Lehre wohl:
Nimm wahr die Eichäpfel am Michaelstag,
An welchem man das Jahr erkennen mag.
Haben sie Fliegen, so zeigt 's ein Mitteljahr,
Haben sie Maden, so wird das Jahr gut,
Ist nichts darin, so hält der Tod die Hut."
Da nun die Tage kürzer und die Nächte länger werden, war Michaeli auch ein Termin für das Anzünden der Lampen; bis dahin versuchte man mit dem Tageslicht auszukommen. Auch die Arbeit im Freien hatte das Spinnrad ruhen lassen, nun wurde es wieder hervorgeholt:
„Es holt herbei Sankt Michael die Lampe wieder und das Öl."
„Sankt Michael zünd't die Lampe an, damit das Mädchen spinnen kann."

Oktober

Der Monat Oktober (lat. *mensis october*) war im altrömischen Kalender der achte (lateinisch octo = acht) Monat im Kalenderjahr. Obwohl der Monat im Julianischen und Gregorianischen Kalender an die zehnte Stelle verschoben wurde, blieb der römische Zahlenwert „acht" im Monatsnamen letztendlich erhalten. Im Mittelalter galt der Oktober als heiliger Monat, in dem bevorzugt geheiratet wurde. Auch Könige heirateten meistens im Oktober. Andere alte Namen sind „Windumanoth" oder „Weinmonat", Gilbhart und Dachsmond. Diese Namensgebungen sind auf den Beginn der Weinlese und auf die Verfärbungen des Laubs (gilb = gelb; hart = viel; im übertragenen Sinn: „In diesem Monat gibt es viel gelbes Laub") in dieser Jahreszeit zurückzuführen sowie auf den Höhepunkt der Dachsjagd in Kreisen der Jägerschaft.

„Wenn es im Oktober friert und schneit, bringt der Januar milde Zeit."

Altweibersommer

Altweibersommer! Was zunächst wie ein Schimpfwort klingt, ist dazu angetan, nicht nur Winzer und Landwirte, sondern alle Zeitgenossen, die den Beginn der kalten Jahreszeit noch etwas in die Ferne gerückt sehen wollen, mit Genugtuung zu erfüllen.

Gerade wenn der August die Sommer-Erwartungen weitgehend enttäuschte, erwartet man Entschädigung durch angenehme Spätsommer- und Herbsttage, die meist im September und Oktober auftreten können – 2015 sogar bis weit in den November hinein – und im Volksmund gemeinhin als „Altweibersommer" bezeichnet werden.

Gemeint ist mit diesem Begriff eine Schönwetterperiode, die mit großer Häufigkeit Ende September besonders im östlichen Mitteleuropa auftritt. Ursache ist ein Festlandhoch über Osteuropa, das trocken-kontinentale Luft nach Mitteleuropa einströmen lässt. Charakteristisch für den Altweibersommer ist eine plötzliche starke

Zwischen den Herbstnebeln kann es im Oktober schon Raureif geben.

Die faszinierend filigranen Spinnweben wurden als Glücksbringer gesehen.

Laubverfärbung und das Auftreten von Spinnfäden (Flugfäden), an denen sich meist junge Spinnen mit dem Wind forttragen lassen. Eine gleichartige Wetterperiode im östlichen Nordamerika, die oft nur wenige Tage andauert, wird „Indian Summer", genannt und ist berühmt durch die prächtige Herbstfärbung der Blätter. In Schweden spricht man vom „Birgitta-Sommer". Da im Mittelmeerraum der Nachsommer gegenüber Mitteleuropa erst etwa einen Monat später eintritt, nennt man diese Zeit dort „Martins-Sommer".

Der Ursprung dieser Bezeichnung führt weit in die Vergangenheit zurück, in die germanische Mythologie. Mit dem Verb „weiben" wurde im Althochdeutschen das Knüpfen von Spinnweben bezeichnet. Sonnige Tage und kühle Nächte lassen in den Morgenstunden durch Taubildung die Spinnweben deutlich erkennen. Die Fäden glitzern im Sonnenlicht wie lange silbergraue Haare. Der Legende nach glaubten die alten Germanen, dass alte Weiber diese „Haare" beim Kämmen verloren hätten. Sie schrieben dies dem Wirken der „Nornen", den nordischen Schicksalsgöttinen, zu, die die Lebensfäden der Menschen spinnen. Den Menschen, an denen solche Spinnfäden hängen blieben, sollten sie Glück bringen. Mit dem Weben ihrer Netze bestimmten die Nornen den Lauf der Welt. Das Fadenspinnen wurde auch als Abmessen und Zuteilen der Lebenszeit gedeutet.

Im Volksglauben sind die Spinnfäden des Altweibersommers ein Werk von Elfen, Zwergen, mythischen Spinnerinnen wie Frau Holle oder der Jungfrau Maria. Einer Legende nach vereinigten sich die Nornen mit der Figur der Frau Holle (eine Form der Freya), die im Winter Schnee spendete und im Herbst Fäden spann. In christlichen Überlieferungen wird berichtet, dass die Silberfäden des Altweibersommers aus dem Mantel Marias stammen, den sie bei ihrer Himmelfahrt trug. Im Volksmund heißen diese Fäden dementsprechend „Marienfäden", „Mariengarn", „Marienseide", „Marienhaar" oder „Unserer lieben Frau Gespinst".

Der schriftsprachliche Ausdruck „Altweibersommer" wird seit Anfang des 19. Jahrhunderts erwähnt; in etwa zeitgleich mit den Wetterstatistiken als man das Jahr noch in Winter- und Sommerhälfte einteilte. Damals wurde der Frühling der „Junge Weibersommer" und der Herbst der „Alte Weibersommer" genannt, sodass der Altweibersommer als die eigentliche Übergangszeit von der sommerlichen zur winterlichen Witterung angesehen werden kann.

Die Naturwissenschaft erklärt das Phänomen der Häufung von Spinnfäden im Herbst folgendermaßen: Millionen von Jungspinnen und erwachsenen Kleinspinnen produzieren diese durch die Luft schwebenden Fäden. Sie erklettern einen herausragenden Punkt und lassen dann in einer besonderen Stellung die Spinnfäden aus ihren Drüsen austreten, um sich damit durch die Luft tragen zu lassen. Wenn die Fäden dann ihr Gewicht von etwa einem hundertstel Gramm tragen und vom warmen Boden aus eine entsprechende

Thermik herrscht und die Spinnen in höhere Luftschichten trägt, fliegen sie ungesteuert über viele Kilometer mit davon.

Als 1989 eine ältere Dame vor dem Landgericht Darmstadt gegen die Benutzung des Wortes „Altweibersommer" in der deutschen Sprache klagte, weil sie sich zum einen als Frau, zum andern wegen ihres Alters diskriminiert fühlte, wurde sie mit der Begründung abgewiesen, dass dieser Ausdruck die Persönlichkeitsrechte von Damen „im besten Alter" nicht verletze.

Brauchtum

Die Behaglichkeit, die wir Menschen in diesen schönen Tagen des Altweibersommers empfinden, führt hinüber in den Herbst, der kalendarisch mit der Tag- und Nachtgleiche am 22./23. Oktober beginnt. Nun beginnt die Dunkelheit wieder die Vorherrschaft des Lichtes zu brechen. Die Tage um diesen astronomischen Wendepunkt galten früher als „Schwendtage" (von „schwinden machen"), an denen man Besinnung hielt und Begonnenes oder Unfertiges zu Ende brachte. So wurden Mängel an Haus und Hof, aber auch Differenzen im zwischenmenschlichen Bereich einer Lösung zugeführt. Neues wie neue Arbeiten, Reisen, neue Verträge oder neue Geschäfte usw. sollten an diesen Schwendtagen, den sogenannten Unglückstagen oder schwarzen Tagen nicht begonnen werden, denn das brachte Unglück.

Wetterregeln

Der Altweibersommer ist auch in die Spruchweisheiten unserer Vorfahren eingegangen. Diese enthalten aber keine Wetterprognosen, sondern beschäftigen sich ganz einfach mit der Dauer dieses Wetterphänomens. Über den Beginn wird nichts ausgesagt, wohl aber über das Ende. Die einen terminieren es auf Ende September:

„Hieronymus (30.9.) macht mit Altweibersommer Schluss."

Die anderen konstatieren selbst noch nach Allerheiligen Altweibersommertage:

„Ist 's zu Allerheiligen rein, tritt Altweibersommer ein."

In die gleiche Richtung geht der Spruch, der möglicherweise doch diskriminierend gemeint ist:

„Allerheiligen bringt Sommer für alte Weiber, des Sommers letzte Vertreiber."

November

Der Monat November (lat. *mensis november*) ist der elfte Monat im Jahr mit 30 Tagen. Nach dem Römischen Kalender, nach dem das Jahr im März anfing, war es der neunte Monat (lateinisch novem = neun). Obwohl im Jahr 153 v. Chr. die römischen Konsuln ihre Herrschaft auf den 1. Januar vorverlegten und damit auch den Beginn des Jahresanfangs, blieb die alte Monatszählung erhalten. Alte deutsche Bezeichnungen sind u. a. „Windmonat“, „Wintermonat“, „Wolfsmonat“, „Nebelmond“, „Nebelung“ (althochdeutsch nebul), „Herbstmond“, „Schlachtmonat“, Blothmônath.

Die Herleitung der Namen lassen auf den Beginn der Wintermonate schließen – die trüben, nassen Tage stimmen oft melancholisch –, aber auch auf den Beginn mit Hausschlachtungen. Die Natur bereitet sich auf die kalte Jahreszeit vor. In der Landwirtschaft werden die letzten Früchte eingebracht und die neu zu bestellenden Felder entsprechend für das kommende Jahr vorbereitet.

In Anbetracht der vielen Feier- und Gedenktage im November gilt er auch als Monat der Besinnung.

„Trüb sind des Novembers Tage, Kälte wird uns schon zur Plage, ist es jedoch umgekehrt, bleibt der Herbst noch ungestört.“

Allerheiligen (1. November)

Während im Laufe des Kirchenjahres für bestimmte hervorgehobene Heilige Gedenktage eingeführt wurden, ist das Fest Allerheiligen in der römisch-katholischen Kirche ein hoher Feiertag aller Heiligen, besonders auch jener, die nicht im Kalender stehen bzw. offiziell nicht heilig gesprochen wurden, da es unmöglich war, jedem Heiligen einen besonderen Tag zu widmen.

In der Ostkirche feierte man seit dem 4. Jahrhundert, vor allem zur Verehrung der Märtyrer, den „Herrentag aller Heiligen“ am Oktavtag von Pfingsten.

Am 13. Mai 610 weihte Papst Bonifatius IV. das Pantheon in Rom, den Tempel aller „antiken Götter“, zu einer christlichen Kirche, die der Jungfrau Maria und allen Märtyrern gewidmet wurde. Mit Beginn des 8. Jahrhunderts manifestiert sich das heutige Datum „Allerheiligen“ auf dem europäischen Festland am 1. November und wird in den europäischen Ländern mit überwiegend katholischer Bevölkerung als Feiertag begangen. Gleiches gilt für die deutschen Bundesländer. Allerheiligen galt als „stiller Feiertag“, an dem ein Tanzverbot bestand.

Brauchtum

Zur Verehrung der Heiligen werden in den Kirchen festliche Gottesdienste abgehalten, und am Nachmittag ziehen die Gläubigen von der Kirche in gemeinsamer Prozession zum Friedhof, um durch Aussprengen von Weihwasser die Gräber zu segnen und der Verstorbenen zu gedenken. Bereits in den Tagen zuvor sind die Grabstätten hergerichtet und mit Blumen und Kerzen geschmückt worden. Der zusätzliche gemeinsame Gräberbesuch am Allerseelentag (2. November) fand in mancher mittelbadischen Pfarrei noch bis in die Siebzigerjahre statt, wurde aber dann eingestellt, da er kein Feiertag war und die heutige Arbeitswelt keinen gemeinsamen Friedhofsbesuch mehr zuließ. Die Schulkinder waren am Allerseelentag für die Zeit des Gräberbesuchs vom Unterricht freigestellt.

Zu beiden Tagen gab es weiteres christliches Brauchtum. So erhielten die Kinder in Bayern am Allerheiligentag von ihren Taufpaten einen Hefezopf geschenkt, ähnlich wie zu Neujahr eine Brezel. Die Kerzen auf dem Friedhof, die an beiden Tagen entzündet wurden, sollten ursprünglich die Dämonen der Finsternis vertreiben. Im christlichen Gedankengut verkörpern sie das „ewige Licht“ das den armen Seelen leuchten soll. Nicht nur auf dem Friedhof, auch zu Hause gedachte man der Toten.

Man ließ vom abendlichen Mahl einen Teil der Speisen auf dem Tisch stehen, damit die Verstorbenen sich daran erlaben könnten. Manch anderer Aberglaube wurde von einer Generation auf die andere übertragen: Wer sich in der Nacht von Allerheiligen auf Allerseelen ins Freie wagte, riskierte sein Leben, denn Spuk und Zauber drohten, und Geister und Dämonen hatten freie Hand. Am Allerheiligentag durfte man weder Korn säen, noch die Jagd betreiben.

Am Vorabend, dem 31. Oktober, wird heutzutage nicht nur in Nordamerika, sondern auch in Europa „Halloween“ gefeiert. Am

Im November werden die letzten Äpfel geerntet und eingelagert.

Halloween, dem Vorabend der Heiligen (= All Hallows' Eve) haben sich vorchristliche Bräuche erhalten, analog zu den Saturnalien (= altrömische Festzeit – ein Fest, das zu Ehren des Gottes Saturn, ein Gott der Fruchtbarkeit und des Ackers, gefeiert wurde) vor dem römischen Neujahr. Altes Brauchtum zum Jahresende und die gefeierte Einheit der Lebenden mit den Toten führten zu ausgelassenen Feiern.

WETTERREGELN

Vielfältig sind die Spruchweisheiten zu Allerheiligen. Zunächst ein ganz praktischer Ratschlag an die Bauern:
„Zu Allerheiligen hole die Rüben vom Acker, wenn du bis Martini (11.11.) wartest, musst du sie mit der Hacke ausreißen“, weil dann möglicherweise der Boden schon gefroren ist.
Auch in den Wetterregeln herrscht eine Verbindung zu Martin:
„Bricht vor Allerheiligen Winter ein, herrscht um Martini Sonnenschein; hat Allerheiligen Sonnenschein, wird Martin umso kälter sein.“
Auch auf das Weihnachtswetter lässt sich an Allerheiligen schließen:
„Allerheiligen kalt und klar, macht zu Weihnacht alles starr.“

Und noch eine Prognose auf das gesamte Winterwetter:
„Allerheiligenreif macht den Winter starr und steif.“
Zur Feststellung, welchen Charakter der bevorstehende Winter haben wird, wird das Experiment folgenden alten Bauernspruches empfohlen:

„Ob dert Winter kalt oder warm soll sein,
So geh' am Allerheiligsten fein
In das Gehölz zu einer Buchen,
Allda magst du folgendes Zeichen suchen:
Hau ab einen Span, und ist er trocken,
So wird ein warmer Winter heran rucken,
Ist er aber nass, der Span,
Kommt ein kalter Winter auf den Plan.“

Martinstag (11. November)

Martini, Martinstag ist ein wichtiger Brauch-, Rechts- und Wirtschaftstermin innerhalb des christlichen Kalenders. Am St. Martinstag begann seit dem 6. Jahrhundert das bis Weihnachten andauernde Adventsfasten. Seit 1917 wird das Adventsfasten von der katholischen Kirche nicht mehr gefordert, aber der ursprüngliche Brauch der „Martinsgans" – an diesem Tag einen Gänsebraten zu essen – rührt daher: Man wollte sich vor dem Fasten noch einmal richtig mit Fleisch satt essen.

Sankt Martin (Martin von Tours) gehört zu den bekanntesten Heiligen der katholischen Kirche und wird auch in der orthodoxen, anglikanischen sowie der evangelischen Kirche verehrt. Er ist der erste Heilige in der abendländischen Geschichte, der nicht als Märtyrer gestorben ist, sondern allein durch seinen Lebenswandel zu einem heiligen Mann wurde. Martin wird damit zum Vorbild der Heiligenliteratur des Mittelalters.

Martin von Tours (lateinisch Martinus) wurde um 316 als Sohn eines römischen Tribuns in Savaria (heute Szombathely, Ungarn) geboren und starb am 8. November 397 im Alter von 81 Jahren in Candes (Frankreich). Seine Grablegung fand unter großer Anteilnahme seiner Gläubigen am 11. November statt. Der Gedenktag ist also nicht, wie sonst üblich, der Todestag, sondern der Tag seiner Beisetzung. Martin diente in einer Elite-Einheit der kaiserlichen Leibgarde. Mit 18 Jahren ließ er sich taufen und 356 schied er aus der römischen Armee aus. Sein asketisches Leben, seine Bescheidenheit und seine Fürsorge für die Nöte der Armen sowie seine Wundertaten beeindruckten das Volk. 371 wurde Martin auf Drängen des Volkes gegen manche Widerstände seitens des Klerus und auch seines eignen Widerstands zum Bischoff von Tours geweiht, behielt jedoch seine mönchische Lebensweise bei.

Alle Überlieferungen betonen Martins Bescheidenheit, seine schlichte Lebensart und seine demütige Haltung. Als Beispiel für seine Wohltätigkeit erzählt die Legende, Martin habe als Soldat am Stadttor von Amiens seinen Mantel mit einem armen unbekleideten Mann geteilt: „Martin erbarmte sich des Bettlers, er zerteilte mit dem Schwert seinen Militärmantel und rettete dadurch den Armen vor dem Erfrieren". In der Nacht nach der Mantelteilung erschien ihm Christus, bekleidet mit dem halben Militärmantel, im Traum und gab sich als der Bettler zu erkennen, dem Martin seinen Mantelteil geschenkt hatte. Zu den ihn umgebenden Engeln sprach er: „Martinus, der noch nicht getauft ist, hat mich mit diesem Mantel bekleidet.“ Martin ließ sich taufen und wurde Schüler des Bischofs Hilarius von Poitiers. Dort gründete er ein Kloster und wurde zehn Jahre später gegen seinen Willen zum Bischof von Tours gewählt. Die Legende erzählt, dass er sich in einem Gänsestall versteckt hatte, um sich dem Amt zu entziehen, jedoch durch das Geschnatter der Gänse verraten wurde. Als Bischof verschmähte er den Bischofspalast und wohnte in einer asketischen Klosterzelle. Auf seinen Reisen verkündete er die christliche Lehre. Weil er auch Menschen heilte, wurden ihm Wunderkräfte zugeschrieben. Der Frankenkönig Chlodwig bestimmte ihn zum Patron seines Volkes. Im Anfangskapitel der fränkischen Kirchengeschichte wurde Sankt Martin als der Heilige der germanischen Völkerwanderung bezeichnet. In Pannonien (Ungarn) geboren, im Frankenland wirkend, gehörte er dem Osten und dem Westen der germanischen Welt gleichermaßen an.

Als Priester und Ordensmann und schließlich als Bischof entfaltete er durch seine Lehre und sein Leben eine außerordentliche Tätigkeit gegen Laster und Irrlehre und wurde zum Erneuerer der Kirche in Gallien. Überall erscheint er als siegreicher Streiter Gottes gegen Götzentum und heidnische Bräuche. Viele Kirchen erwählten ihn zu ihrem Schutzpatron, so der Mainzer Dom und Groß St. Martin in Köln. In Frankreich gibt es über 3000 Sankt Martin geweihte Kirchen.

Brauchtum

Mit dem Martinstag schließt das bäuerliche Jahr, die Felder sind abgeerntet, in den Spinnstuben wurde früher die Arbeit aufgenommen und in den Häusern das Licht angezündet, wo es bis Mariä Lichtmess brannte. Der Martinstag war und ist der Termin der Pachtzahlung, daher der Spruch: „Sankt Martin ist ein harter Mann für den, der nicht bezahlen kann.“ Da zu diesem Termin auch Gesinde entlassen und neues eingestellt wurde, war die Martinsgans auch ein Geschenk für ausscheidende Knechte und Mägde. Bei den Feiern am Martinstag wurde oft auch die erhaltene Gans gleich geschlachtet und verzehrt.

Der 11. November ist insofern auch ein besonderer Tag, da an ihm nach der „Alten Kirchengeschichte“ die 40 Tage der vorweihnachtlichen Fastenzeit begannen. Am Vortag der Fastenzeit wurde nochmals üppig gegessen und ausgelassen gefeiert. Schließlich musste all das verzehrt werden, was dem Fastengebot unterliegt, und Gefriertruhen gab es damals noch nicht.

Die Martinsgans ist bis zum heutigen Tag eine Festspeise an Martini und eine gern gepflegte Tradition. Dass Gänse in dieser Zeit besonders häufig geschlachtet und verzehrt wurden, hat auch noch andere Gründe. Da am Martinstag das bäuerliche Jahr endete und ein neues begann, mussten die Pachten bezahlt und die Zehntabgaben entrichtet werden. Diese bestanden oft aus Naturalien, darunter auch Hühner und Gänse, die dann für ein Festessen willkommen waren. Häufig wurden auch auf dem Martinimarkt Gänse verkauft, da dies für die Bauern die letzte Gelegenheit war, vor dem nahenden Winter noch Geld einzunehmen. Im Übrigen waren die im Frühjahr geschlüpften Gänse nun schlachtreif, sie sollten über den Winter nicht weiter durchgefüttert werden.

Die heute für Kinder veranstalteten Laternenumzüge haben eine lange Geschichte: Der Legende nach zogen die Menschen mit Fackeln und Kerzen zu Martins Grab, um ihn zu ehren. Später wurden Martinsfeuer angezündet, die auf heidnische Opferfeuer oder Lichtfeste zurückgingen. Da die genaue Herkunft dieses Feuerbrauchs im Unklaren blieb, wurde er auf die gute Tat Martins umgedeutet, die das Erbarmen Gottes in die Dunkelheit der Welt brachte. So ist auch das Licht der Laterne angesichts der kürzer werdenden Tage zu deuten. Der Laternenbrauch wurde nach dem Zweiten Weltkrieg bei uns wieder neu belebt, wobei die Martinsumzüge mit dem Heiligen hoch zu Ross mehr katechetisch ausgerichtet sind. Oft wird die Mantelteilung szenisch dargestellt und die Feier auf mitmenschliches Helfen ausgerichtet. Den Abschluss der Kinderumzüge bildet in der Regel das Martinsfeuer, das in der dunklen, kalten Jahreszeit nicht nur Licht, sondern auch Wärme spendet. Um das Feuer geschart verzehren die Kinder das für sie gestiftete Martinsgebäck.

Ein in der Südhälfte Deutschlands weitverbreiteter Brauch war die „Martinsgerte“. Sie wurde aus Wacholderruten gebunden und mit Hagebutten, Beeren und Eichenlaub verziert. Ursprünglich war sie ein Symbol der Fruchtbarkeit. Die Viehhüter und Hirten gingen an Martini mit der Martinsgerte zu den Bauern und Gutsbesitzern, um ihren Lohn abzuholen und Ihnen die „Martinsgerte“ zu überreichen. Diese symbolisierte den Wunsch für Fruchtbarkeit in Feld und Stall und dort fand sie auch ihren Platz.

Ähnlich wie an „Michaeli“ (29.9.) wurden auch an Martini Märkte abgehalten. Berühmt war der Martinimarkt von Bühl für das gesamte Mittelbaden. So schreibt der Unzhurster Historiker Franz Karl Maurath 1923: „Was war der Bühler Martini für eine Freude für Jung und Alt, wo der Bauer, die Bäuerin einkaufte für den ganzen Winter, wo Geschäfte liefen und gingen, Schwabenkrämer, Stände, Hanf und Frucht oft aus weiter Ferne nach Bühl kamen, lebten, leibten, zehrten und tranken.“

Wetterregeln

Unzählige Wetter- und Bauernregeln gibt es zum Lostag „Martini“. Die einen geben ganz praktische Ratschläge für das leibliche Wohl:
„Um Martini schlacht ein Schwein, zu Lichtmess (2.2.) muss es gegessen sein.“
„Bei fetter Gans und Saft der Reben lass den heil’gen Martin leben.“
Andere verweisen auf die Umstellung von Sommer- auf Winterarbeit:
„Sankt Martin macht Feuer im Kamin, dann o Mädel, greif nach dem Rädel!“
Wenn der Winter schon am Martinstag das Land fest im Griff hat, prophezeien die Wetterregeln gelinde Weihnacht und insgesamt einen milden Winter:
„Wenn die Gänse um Martini auf dem Eise stehen, müssen sie Weihnachten im Kote gehen.“
„Zu Martini kalt und trocken, lässt auf gelinden Winter hoffen.“
Auch aus dem Laubfall zieht der Bauer Rückschlüsse aufs Winterwetter:
„Ist um Martin der Baum schon kahl, macht der Winter keine Qual.“
„Hält Martin das Laub im Wald, wird der Winter rau und kalt.“
Dass selbst die Martinsgans zu einer Wetterprognose für den Winter taugte, belegt dieser sehr alte Spruch:

„Ist die Martinsgans am Brustbein braun,
Wirst mehr Schnee als Kälte schau’n.
Ist sie aber weiß,
Kommt mehr Schnee als Eis.“

Katharinentag (25. November)

Am 25. November, in der Woche vor dem 1. Advent, wird das Fest der heiligen Katharina von Alexandria gefeiert. Da ihr Lebenslauf und ihr Märtyrerschicksal gänzlich auf Legenden beruhen, wurde die vom christlichen Volk hoch verehrte Heilige nach dem Zweiten Vatikanischen Konzil 1969 aus dem Allgemeinen römischen Kalender gestrichen, jedoch 2002 wieder neu im Kirchenkalender eingefügt.

Der Legende nach war Katharina die Tochter des Königs Costus von Zypern und lebte zu Beginn des 4. Jahrhunderts im ägyptischen Alexandria. Sie ist eine der bekanntesten Heiligen, gehört zu den vier großen heiligen Jungfrauen und wird in der katholischen und orthodoxen Kirche als Märtyrerin verehrt. Darüber hinaus zählt die Heilige Katharina zu den 14 Nothelfern. Ihre Patronate sind zahlreich: Sie ist Schutzpatronin vieler Kantone der Schweiz und vieler Berufe: z. B. Patronin der Philosophen, Theologen, vieler handwerklicher Berufe, insbesondere aller Berufe, die mit Rädern zu tun haben wie Wagner usw. Sie sorgt für das Gedeihen der Feldfrüchte, hilft bei Migräne und Zungenkrankheiten, und schließlich nimmt man zu ihr Zuflucht, wenn man nach Wasserleichen sucht. Da ihre Existenz historisch nicht belegt ist, bezieht die Katharinen-Legende sich auf eine griechische Urfassung, die erst im 6./7. Jh. entstanden zu sein scheint. Der zufolge erlitt sie wegen ihres christlichen Glaubens vermutlich unter dem römischen Kaiser Maximinus Daia – nach anderen Angaben unter Kaiser Maxentius oder dessen Vater Maximian – das Martyrium. Aufgrund ihrer „Passio" wird die Heilige Katharina u. a. mit dem Attribut Rad, Zeichen ihres Martyriums, dargestellt.

Der Überlieferung nach sollte sie wegen ihrer vornehmen Herkunft und vor allem auch wegen ihrer Schönheit und ihres Reichtums die Frau des Kaisers Maximinus (Maxentius) werden. Weiter erzählt die Legende: „ Sie war noch nicht getauft, als ihr in einer Nacht die heiligste Jungfrau Maria mit dem Jesuskind auf dem Arm erschien. Dieses aber wandte sein Gesichtchen von ihr ab und sprach: ‚Katharina, du bist nicht schön, weil du noch nicht getauft bist.' Katharina, erschrocken über diese Worte, erwachte und zögerte nicht, sich taufen zu lassen. In der folgenden Nacht erschien ihr Maria mit dem Kind wieder. Diesmal lächelte das Kind, neigte sich zu ihr herab und steckte ihr einen goldenen Ring an den Finger zum

Zeichen, dass sie von nun an seine Braut sei. Als Katharina erwachte und den Ring wirklich am Finger sah, gelobte sie ihrem göttlichen Bräutigam, immer jungfräulich zu leben und zu sterben."

Während eines Opferfestes für eine römische Gottheit soll es der jungen Frau durch ihre Redegewandtheit und Schlagfertigkeit gelungen sein, den römischen Kaiser Maximinus? in große Verlegenheit zu bringen und die geistige Elite des Landes – statt zu den geforderten Götzenopfern – zum Christentum zu bekehren. Der vor Wut rasende Kaiser ließ die Männer lebendigen Leibes auf Scheiterhaufen verbrennen. Zunächst suchte er mit Schmeicheleien und Versprechungen Katharina zum Götzendienst zu bewegen, doch Katharina blieb standhaft. Da drohte ihr Maximinus die schrecklichsten Qualen an, doch sie entgegnete ruhig: „Tu, was du willst, die Qualen dauern nur kurze Zeit, der Lohn dafür ewig." Daraufhin machte er seine Drohungen wahr. Er ließ Katharina auspeitschen und in den Kerker werfen, um sie auszuhungern. Doch sie wurde von einem Engel gespeist, selbst die Kaiserin war beeindruckt von ihrer Duldsamkeit, besuchte sie mehrmals im Kerker und ließ sich selbst taufen. Darüber wurde der Kaiser noch wütender und ließ sie schließlich rädern, d. h., auf ein mit Nägeln besetztes Rad binden und schließlich enthaupten (angeblich im Jahr 306). Die Legende erzählt weiter, Engel hätten den Leib der Märtyrerin auf den Berg Sinai getragen und dort begraben, wo im 6. Jahrhundert das berühmte Katharinenkloster entstand.

Brauchtum

Zu ihrem Jahrestag finden in vielen Orten Deutschlands Katharinenmärkte statt, so in Mittelbaden in Sasbach und Steinbach, auf denen neben Nahrhaftem vor allem auch Haushaltswaren und warme Winterkleidung feilgeboten werden.

Am Kathreinstag wurden die Viehherden, die nach Michaeli noch auf den Weiden verblieben waren, endgültig in die Winterquartiere geholt. Auch die Bienenstöcke wurden eingewintert. Es begann die Schafschur, und Knechte und Mägde bekamen ihren Lohn ausbezahlt. Zu diesem Termin sollten die Einsaat abgeschlossen und die letzten Feldfrüchte eingebracht sein, wie etwa die Weißrüben, die nach der Getreideernte auf den Stoppelfeldern noch angebaut worden waren. Dieses endgültige Ende der Feldarbeit wurde nochmals zünftig gefeiert. Zum letzten Mal vor Weihnachten konnten die

jungen Leute das Tanzvergnügen genießen, schon einen Tag später begann nämlich die Zeit des vorweihnachtlichen Fastens und der Enthaltsamkeit. Davon zeugt der Spruch:
„Kathrein stellt den Tanz ein." Oder: „Kathrein stellt Geigen und Pfeifen ein."

Wetterregeln

Auch als Lostag für das Winterwetter fand Katharina das Interesse der ländlichen Bevölkerung. Das Wetter am Katharinentag sollte das Neujahrs- und Februarwetter prognostizieren:
„Wie Sankt Kathrein wird 's Neujahr sein".
„Wenn's schon wintert am Katharinentag, kommt der Eismond (Januar) sehr gemach."
„Ist es zu Sankt Kathrin schön, wird auch der Februar angenehm."
Aber auch das gesamte Winterwetter ließ sich aus dem Wetter dieses Tages vorhersagen:
„Wie das Wetter zu Kathrein wird 's den ganzen Winter sein."
„Kathrein lässt den Winter rein."
Doch bei mildem Katharinenwetter werden Schnee und Eis noch lange auf sich warten lassen:
„Schafft Katharina vor Frost sich Schutz, so watet man lange draußen im Schmutz."

Andreastag (30. November)

Der letzte Tag des Novembermonats ist im christlichen Heiligenkalender dem Apostel Andreas geweiht.

Nach Überlieferung der Bibel stammten er und sein Bruder Simon (Petrus) aus Bethsaida in Galiläa. Beide waren Fischer am See Genezareth. Andreas galt als einer der ersten Jünger Jesu, der auch seinen Bruder Simon zu Jesus brachte mit der Botschaft: „Wir haben den Messias gefunden."

Nach alter Überlieferung missionierte er in den Gebieten südlich des Schwarzen Meeres, in den unteren Donauländern und in Griechenland. Am 30. November 60 soll Andreas in der griechischen Stadt Patras als Märtyrer gestorben sein. Er soll an ein Kreuz mit schrägen Balken – in der Form des griechischen X (Chi) – geschlagen worden sein.

Der Apostel Andreas ist Patron von Russland, Griechenland und Schottland und gilt als Schutzheiliger der Fischer, Fischhändler, Bergleute, Metzger und Seiler, der Liebenden und des Ehestandes.

Von Andreas wurden nach Jesu Auferstehung zahlreiche Wunder, Heilungen und Erweckungen überliefert. Der Legende nach ließ er sich als alter Mann in Patras als Bischof nieder, wo ihm wahrscheinlich im Jahre 60 unter der Regierung des Kaisers Nero durch den Statthalter der Prozess gemacht wurde, nachdem er die Frau des Statthalters geheilt und zum Christentum bekehrt hatte. Der Statthalter habe Andreas geißeln und zu besonderer Pein und langsamem Tod an ein X-förmiges Kreuz binden lassen, an dem er nach langen Marterqualen starb. Dieses Kreuz heißt bis heute Andreaskreuz und gilt in der orthodoxen Kirche als Kreuzsymbol.

Verwendete man in frühchristlicher Zeit das „X" zusammen mit dem Buchstaben Rho (P) häufig als Christusmonogramm (XP), findet man es heutzutage noch als Symbol an Bahnübergängen, aber auch als Gefahrensymbol, als Schmuckform an Fachwerkhäusern und als Bestandteil in Fahnen und Wappen (z. B. in der schottischen und britischen Nationalflagge).

Brauchtum

Weil bis in das neunte Jahrhundert das Kirchenjahr mit dem „Andreastag", dem 30. November, endete und mit dem 1. Dezember nicht nur das neue Kirchenjahr (so wie heute auch mit dem beweglichen 1. Advent das neue Kirchenjahr beginnt), sondern auch das „neue Jahr" begann, hatte dieses Datum in früherer Zeit ähnliche Bedeutung wie heutzutage der Silvestertag im bürgerlichen Kalender.

So gab es in der Nacht vor dem Gedenktag, in der Andreasnacht, viele Jahresend- und Jahresanfangsbräuche, wie etwa das Bleigießen, Traumdeutungen und Heiratsorakel. Vor allem heiratswillige Mädchen, aber auch junge Burschen wandten die unterschiedlichsten Orakelmethoden an, um in der Andreasnacht herauszufinden, wer für sie als Ehepartner bestimmt sei: Beim „Apfelorakel" schälte ein Mädchen einen Apfel so, dass die Schale ein unzerschnittenes langes Band bildete. Dieses warf sie hinter sich. Ließ sich aus dem Band ein Buchstabe erkennen, war dies der Anfangsbuchstabe im Namen des Zukünftigen. Andernorts tranken die Mädchen zwei

Becher Wein als Schlaftrunk, um im Traum ihrem Liebsten zu begegnen. Dabei stiegen sie rückwärts mit dem linken Fuß zuerst ins Bett und sprachen dabei: „Heiliger Andreas, ich bitt', da ich mein' Bettstatt betritt, dass mir erscheint der Herzallerliebste mein, wie er geht und wie er steht und wie er mich zum Traualtar führt."

Häufig wurde auch das „Hühnerorakel" praktiziert: Die Jungfer schlich sich nachts heimlich in den Hühnerstall. Gackerte ein Huhn, sollte sie ledig bleiben, krähte der Hahn stand die Hochzeit bald bevor. Andere Mädchen umfassten mit beiden Armen den Gartenzaun, die Anzahl der umfassten Latten verriet die Zahl der Jahre bis zur Verheiratung. Beim „Pantoffelwerfen" schleuderte ein unverheiratetes Mädchen seinen linken Pantoffel über die Schulter zur Tür. Wenn dieser mit der Spitze zur Tür zeigte, konnte sie binnen eines Jahres auf Heirat hoffen.

Auch das in dieser letzten Novembernacht wegen der Kälte unverzichtbare Ofenfeuer bot die Chance, mit viel Fantasie im Lodern der Flammen den zugedachten Liebsten zu erkennen. Allerdings war es dann sehr schwierig, das Traumbild in der Realität wiederzuerkennen, wie es Goethe in seinem „Faust" in der Szene „Vor dem Tor" einem Bürgermädchen zuschreibt: „Ich seh' mich um, ich such ihn überall, allein er will mir nicht begegnen."

Auch die Kinder profitierten von den Bräuchen der Andreasnacht. Ähnlich wie heute am Nikolausabend die Stiefel, hängten sie am Andreasabend ihre Strümpfe vor das Fenster, am Morgen waren sie mit Äpfeln, Nüssen und Gebäck gefüllt. Oder sie zogen singend und lärmend von Haus zu Haus, um die bösen Geister zu vertreiben und hofften darauf, dafür beschenkt zu werden.

In manchen Gegenden wurden, ähnlich wie heute am Barbaratag (4.12.), Zweige geschnitten und in eine Vase gestellt; allerdings sollten diese „Andreasreiser" schweigend und ungesehen geschnitten werden und von neun verschiedenen Bäumen und Sträuchern stammen. Sie wurden mit verschiedenen Bändern markiert, wovon jedes einen Wunsch bezeichnete. Blühte der betreffende Zweig zu Weihnachten, sollte auch der entsprechende Wunsch in Erfüllung gehen. In den Marktorten wurden Andreasmärkte abgehalten, wo man sich mit den letzten Winterutensilien versorgen konnte.

Wetterregeln

Wenn man bedenkt, wie ideenreich die Menschen das persönliche Schicksal durch die Andreasorakel erforschen wollten, verwundert es nicht, dass auch das Wetter dieses Tages als Lostag für die unterschiedlichsten Prognosen diente.

Der Jahreszeit entsprechend bezogen sich die meisten Sprüche auf Schnee und Kälte. Es erstaunt, dass eine Schneedecke, die üblicherweise als Schutz der Saaten gesehen wird, die Bauern zu diesem Termin nicht erfreut:

„Der Andreasschnee liegt oft hundert Tage und wird für Korn und Klee zur Plage."

„Andreasschnee tut den Saaten weh."

„Hält Sankt Andrä den Schnee zurück, schenkt er reiches Saatenglück."

„Sankt Andreas hell und klar verspricht ein gutes Erntejahr."

„Das Wetter um Sankt Andreas sieht man lieber dürr als nass", wobei mit „dürr" wohl „trocken" gemeint ist.

„Wenn auf Kathrein (25.11) kein Schneefall ist, auf St. Andreas kommt er gewiss."

Dezember

Der Monat Dezember (lat. *mensis december*), im römischen Kalender der zehnte Monat (lateinisch decem = zehn), ist nach dem Julianischen und dem Gregorianischen Kalender der zwölfte und letzte Monat des Jahres. Wie auch schon bei den Namen September, Oktober und November, wurde die lateinische Zählweise für den Namen Dezember nicht korrigiert und der ursprüngliche Zahlenwert *decem* aus dem Römischen Kalender übernommen.

Die alten Namensbezeichnungen für Dezember lassen sich oft auf unterschiedliche Bräuche in diesem Monat zurückführen: So leitet sich der Name Julmond für Dezember vom „Julfest" (Fest der Wintersonnenwende) ab, das größte Fest der Germanen: In den Raunächten ruhte jede Arbeit. Sonnenwendfeuer wurden entzündet und Julräder zu Tal gerollt. Sie sollten die Sonne wieder zurückrufen.

Der Dezembername „Heilagmanoth" (heiliger Monat) bezieht sich auf das Christfest.

Weitere Namen sind u. a.: „Christmond", „Christmonat", „Heilmond" (Christus bringt das Heil), „Heiligenmonat".

Im bäuerlichen Leben stehen jetzt wieder die Arbeiten im Haus an erster Stelle. Die Empfehlung des „Hundertjährigen Kalenders" besagt, sich mit Kleidung, Speise und Trank warm zu halten, da der Mensch in diesem Monat besonders infektanfällig ist. Allerdings – wenn der Dezember ein richtiger Wintermonat mit Kälte und Schnee wird, erfreut dies den Bauern.

„Auf kalten Dezember mit tüchtigem Schnee, folgt fruchtbar Jahr mit reichlich Klee."

Barbaratag (4. Dezember)

Am 4. Dezember steht im Kirchenkalender der Gedenktag der heiligen Barbara.

Der Legende nach wurde Barbara Ende des 3. Jh. als Tochter eines wohlhabenden Dioscuros im kleinasiatischen Nikomedia, dem heutigen Izmir geboren. Barbara soll eine schöne und kluge Frau gewesen sein. Durch eine Gruppe junger Christen, die sich trotz der Christenverfolgung heimlich trafen, lernte Barbara das Evangelium kennen und entschloss sich, Christin zu werden.

Blühende Barbarazweige sind eine Freude in der kalten, dunklen Jahreszeit.

Die heilige Barbara gehört zu den 14 Nothelfern. Sie gilt als Symbol der Wehr- und Standhaftigkeit. Sie wird allgemein als Fürbitterin gegen jähen Tod, besonders als Patronin der Bau- und Bergleute, der Kanoniere, der Feuerwehrleute und Glöckner verehrt. Ihre Attribute sind der dreifenstrige Turm (als Sinnbild für ihre Verehrung der Trinität), Kelch (Hinweis auf ihren Beistand in der Sterbestunde) und das Schwert (Symbol ihres Martyriums).

Auf manchen Bildern ist Barbara zusammen mit den jungfräulichen Märtyrerinnen und Nothelferinnen Margareta und Katharina dargestellt, daraus ergab sich der alte bayrische Volksspruch: „Barbara mit dem Turm, Margareta mit dem Wurm, Katharina mit dem Radl, das sind drei heil'ge Madl."

Die Lebensgeschichte der heiligen Barbara beruht vollkommen auf Legenden: Um sie vom christlichen Glauben fernzuhalten, soll sie in einem Turm eingesperrt und nach einem Fluchtversuch später hingerichtet worden sein.

Die Verehrung als Schutzpatronin der Artillerie stammt aus der Zeit der Verdrängung der maurischen Besatzer Südspaniens in der Mitte des ersten Jahrtausends. Das christliche Heer rief in aussichtsloser Lage die heilige Barbara an und konnte mit ihrer Hilfe die Schlacht siegreich beenden. Reliquien der heiligen Märtyrerin sollen unter anderem im Reliquienschatz der Hildegard von Bingen aufbewahrt sein.

Brauchtum

Der bekannteste Brauch am Barbaratag ist das Schneiden von Obstbaum- (meist Zweige des Kirschbaums) oder Forsythienzweigen, die in ein Wassergefäß gesteckt werden und bis zum Heiligen Abend blühen und ein wenig Farbe und Licht in die dunkle Winterszeit, aber auch Glück bringen sollen. Der Volksmund lehrt: „Schneid' Zweige du zu Barbara, die Blüten sind zur Weihnacht da." Auch dieser Brauch geht auf die Legende zurück: Auf dem Weg ins Gefängnis soll Barbara an einem Zweig hängen geblieben sein. Sie brach den Zweig und stellte ihn ins Wasser, und er blühte genau an dem Tag, an dem sie den Märtyrertod erlitt.

Auch die blühenden Zweige ließen Orakeldeutungen zu: Wenn sie an Weihnachten tatsächlich in voller Blüte standen, bedeutete dies bei Ledigen eine Heirat binnen Jahresfrist, bei bereits Verheirateten älteren Leuten wies der Blütenzweig auf eine stabile Gesundheit im kommenden Jahr.

In Bergbaugebieten ruhte am Barbaratag die Arbeit, und es fanden Bergmannsumzüge statt, und auch die Feuerwehren gedenken mancherorts am Barbaratag ihrer Schutzheiligen in einem Gottesdienst.

Wetterregeln

Der Gedenktag der bei dem Volk so beliebten Heiligen wurde ein wichtiger Lostag; eine enge Korrelation besteht dabei zwischen Barbara und Luzia (13.12.):

„Auf Barbara die Sonne weicht, auf Luzia sie wieder herschleicht."

„Sankt Vitus (15.6.) hat den längsten Tag, Luzia die längste Nacht vermag."

Diese Festlegungen stimmen heute nicht mehr, sondern gelten alle etwa zehn Tage später, da sie vor der gregorianischen Kalender-

reform entstanden sind. Auf Barbara wünschten sich die Bauern Schnee, denn dann war auch gutes Erntewetter im folgenden Jahr sicher:
„Barbara im weißen Kleid verkündet gute Sommerszeit.“
Aber auch eine kurzfristige Prognose lässt das Barbara-Wetter zu:
„Wie der Barbaratag, so der Christtag.“
„Zweige schneiden an Barbara, Blüten sind bis Weihnachten da.“

Luciatag (13. 12.)

Bis zur Einführung des Gregorianischen Kalenders (1582) galt der Luciatag als Mitwintertag (kürzester Tag des Jahres) und damit als Quartalsbeginn im Verwaltungswesen, als Termin für Verträge und als Jahresabschluss im Schulwesen.

Der Name Lucia kommt vom lateinischen Wort „lux“ (= Licht) und bedeutet die Leuchtende oder auch die Lichtbringerin. Ihre Figur ist historisch belegt, ihr Grab wurde in Siracusa wieder aufgefunden. Der Überlieferung nach lebte sie von 283 bis 304? in Syrakus (heute Siracusa) zur Zeit der Christenverfolgung des Kaisers Diokletian. Nach der im 5./6. Jahrhundert verfassten Legende soll sie nach einer Vision der Heiligen Agatha ewige Jungfräulichkeit gelobt haben. Nach dem Tod ihres Vaters, eines reichen Kaufmanns, wollte sie die Mutter früh verheiraten, doch sie wies den ihr zugedachten Verlobten ab und bekannte sich als Christin. Mit ihrem Vermögen gründete sie eine Armen- und Krankenstation. Um ihre Hände für die milden Gaben frei zu haben, die sie bei Nacht zu den Armen trug, setzte sie sich einen Lichterkranz aufs Haupt, um in der Dunkelheit den Weg zu finden.

Von ihrem abgewiesenen Verlobten angezeigt, wurde sie unter Kaiser Diokletian als Christin verfolgt und letztendlich mit dem Schwert getötet. Späteren Fassungen zufolge hat sie sich die Augen ausgerissen und ihrem Verlobten auf einer Schüssel bringen lassen.

Sankt Lucia wird in den bildlichen Darstellungen meist mit Schwert (Symbol ihres Martyriums) und Halswunde, auch mit Palme und Öllampe, häufig ihre Augen in einer Schale tragend, abgebildet. Sie wird angerufen bei verschiedenen körperlichen Leiden wie Augenleiden, Halsschmerzen etc. und gilt als Patronin der Armen, Blinden, reuigen Dirnen, kranken Kinder und der Städte Syrakus und Venedig. Auch Anwälte, Bauern, Kutscher, Berufe des Handwerks wie Elektriker, Glaser, Weber etc. verehren sie als Schutzheilige.

Es gibt zahlreiche widersprüchliche Überlieferungen von Lucias Marterqualen. Eine besagt, dass der Richter sie ins Dirnenhaus bringen lassen wollte, aber ein Ochsengespann und tausend Männer vermochten nicht, sie von der Stelle zu bewegen. Auch über sie gegossenes siedendes Öl konnte ihr nichts anhaben. Schließlich stieß man ihr das Schwert in den Hals. Alten Quellen zufolge erlitt sie am 13. Dezember 304 den Märtyrertod.

Die nach Lucia benannte Kirche in Syrakus steht auf frühchristlichen Katakomben, wo auch ihr Grab aufgefunden wurde. Um 600 gab es bereits Luciaklöster in Syrakus und Rom.

Brauchtum

Seit der Christianisierung Germaniens ist Lucia das leuchtende Gegenstück zur finsteren, unheimlichen Dämonin Perchta der germanisch-heidnischen Mythologie, die vor allem in den Winternächten ihr Unwesen trieb. Bedrohung und Unheil wurden ersetzt durch das Licht, das Hoffnung und Leben symbolisiert. Lucia-Bräuche finden sich bis heute in nahezu ganz Europa. (Im Bayerischen Wald und in Osteuropa gehört dazu die „Luz" als hässliche hexenartige Nachtgestalt. Dieser Brauchtum geht wohl auf die germanisch heidnische Mythologie zurück und hat mit der Heiligen aus Syrakus als Licht- und Gnadenbringerin nichts gemein. Die perchtenartige Schicksalsfrau Luz bewegt sich im Spannungsfeld zwischen Hochreligion und Volksglauben.)

Im Mittelalter wurden am Luciatag die Kinder beschenkt. Der 24. Dezember wurde erst ab dem 16. Jahrhundert als Bescherungstag gefeiert.

In Teilen Süddeutschlands werden am Luciatag wie am Barbaratag Kirschzweige abgeschnitten und in eine Vase gestellt. Erblühen sie nach vier Wochen, bedeutet dies Glück für das folgende Jahr.

Wetterregeln

Zum Luciatag gibt es mehrere uralte Bauernregeln, die auf den ersten Blick befremdlich erscheinen, so zum Beispiel:

„Luzia hat die längste Nacht und den kürzesten Tag."

„An Sankt Lucia ist der Abend dem Morgen nah."

„Sankt Luzen tut den Tag stutzen."
„Sankt Vitus (15.6.) hat den längsten Tag, Luzia die längste Nacht vermag."
Das sind Regeln, die bereits vor der Kalenderreform des Papstes Gregor XIII. (1582) galten, als nämlich der Luziatag auf den Tag der Wintersonnwende (21./22. Dezember) fiel. In der Folgezeit entstand ein Spruch, der den Veränderungen des Kalenders Rechnung trug:
„Sankt Lucia findet zu kurz den Tag, drum wird er verlängert acht Tage danach."
Die Wetterregeln des Tages prognostizieren das Weihnachtswetter:
„Ist der Luciatag mild, wird Weihnachten eisig, ist er aber kalt, wird Weihnachten mild."
Entsprechend gilt:
„Wenn die Gans an Sankt Lucia im Schmutz geht, so geht sie am Christtag auf Eis."
„Wenn zu Sankt Lucia Eisblumen blüh'n, sind zu Weihnacht die Wiesen grün."
„An Barnabas (11.6.) die Sonne weicht, an Lucia wieder her sie schleicht."

Thomastag (21. 12.)

Der Apostel Thomas, dessen Gedenktag in der Regel mit dem Winteranfangstermin zusammenfällt, ist schon aus diesem Grund ein alter Los- und Orakeltag. Nach dem Zweiten Vatikanischen Konzil wurde 1969 das Gedenkfest zwar auf den 3. Juli vorverlegt, auf den Tag der Überführung seiner Gebeine nach Urfa in der Türkei, von wo aus sie später auf die griechische Insel Chios und schließlich nach Ortona in den Abruzzen überführt wurden. Doch in der volkskundlichen Überlieferung gilt weiterhin der 21. Dezember, das Datum der längsten Nacht des Jahres, als „Thomastag".

Thomas, der bis zu seiner Berufung als Jünger Fischer war, wird häufig mit dem Beinamen „der Zweifler" oder „der Kleingläubige" versehen, weil er so lange an Jesu Auferstehung zweifelte, bis er selbst die Wundmale des Auferstanden sah. Dadurch wurde er nicht gerade der Lieblingsheilige der frühen Christen, und sie legten – so die Vermutung – den Gedenktag in die dunkle und frostige Zeit des Winteranfangs mit der längsten Nacht.

Nach dem Pfingstwunder soll er mehrere Missionsreisen nach Vorderasien bis nach Indien hinein unternommen haben. Auf einer dieser Reisen soll er auch den Heiligen Drei Königen begegnet sein. In Madras wurde er von feindlichen Heidenpriestern mit Lanzen erstochen und erlitt so den Märtyrertod. Bei Mailapur wurde 1547 eine Thomaskirche errichtet. Dort wird das Thomaskreuz aus dem 7. Jahrhundert verwahrt, dessen Inschrift von seinem Martyrium erzählt. Noch heute gibt es in Indien „Thomas-Christen". In Ägypten wurde eine 1945 aufgefundene alte Handschrift als ein vollständig erhaltenes Exemplar des Thomas-Evangeliums identifiziert.

Bildliche Darstellungen zeigen Thomas mit Lanze und Schwert, als Hinweis auf sein Martyrium, aber auch mit einer Handbewegung „dem Auferstandenen in die Wunde fassend". Auf seinen legendären Beruf als Baumeister zeigt das Winkelmaß hin. In Europa gilt er u. a. als Schutzpatron der Bau- und Zimmerleute.

Über sein Leben gibt es zahlreiche Legenden. Einer Legende nach war Thomas auch der einzige Apostel, der bei der Himmelfahrt Mariens nicht anwesend war. Er zweifelte an dem Ereignis wie schon an der Auferstehung Christi. Deshalb erschien Maria dem Zweifler und warf ihm zum Beweis ihren Gürtel herab, den später Kreuzfahrer mit nach Italien brachten und der in feierlicher Prozession in die Kathedrale von Prato überführt wurde und in einer angebauten Kapelle aufbewahrt wird.

Brauchtum

An seinem Gedenktag, noch mehr aber in der Nacht danach, der längsten des Jahres, in der die wilden Geister ihr Unwesen trieben, gab es schon seit heidnischer Zeit mannigfache Riten, die Wintersonnwende zu feiern. Am wohlsten fühlte man sich in Anbetracht der Dunkelheit, der Kälte und des unheimlichen Treibens der Geister in der häuslichen Gesellschaft bei Essen und Trinken, bei Gesang und Gespräch. Während die Männer sich den leiblichen Genüssen widmeten, spannen die Frauen und Mädchen bis zum frühen Morgen. Da in der Regel Alkohol im Übermaß genossen wurde, nannte man im Schwarzwald den Morgen danach wegen der üblen Folgen der Zecherei den „Kotzmorgen." Andernorts wurde diese lange Nacht auch „Durchsitz-Nacht" oder „Durchspinn-Nacht" genannt.

Ähnlich wie in der Neujahrsnacht wurden in manchen deutschen Regionen um Mitternacht die Kirchenglocken geläutet, um die bösen Geister zu vertreiben und mit dem Winterbeginn ein fruchtbares Jahr einzuläuten.

Vergleichbar mit der Andreasnacht (Nacht zum 30. November), wurden von den jungen Leuten auch in der Thomasnacht vielfältige Liebesorakel praktiziert, vielleicht auch, um die Enttäuschung, die möglicherweise der Lostag Andreas (30.11.) beschert hatte, zu revidieren. Wenn ein Mädchen wissen wollte, wen es heiraten werde, musste es in der Thomasnacht Punkt Mitternacht mit dem linken Fuß dreimal gegen das Bett treten und das Sprüchlein sagen: „Bettstatt, ich tritt dich, heiliger Thomas, ich bitt dich, zeig' mir an mein' künftigen Mann!“ Danach musste es sich umgekehrt, also mit dem Kopf ans Fußende, ins Bett legen, dann sollte die gewünschte Person im Traum erscheinen.

Die Frist bis zur etwaigen Heirat ließ sich so ermitteln: „Schneide in der Thomasnacht einen Apfel entzwei und zähle die in jeder Hälfte enthaltenen Kerne: Sind es gleich viele, so weist das auf baldige Hochzeit hin, ist die Zahl verschieden, dauert es noch lange.“ Um seinen künftigen Beruf zu erfahren, wandte man folgendes Orakel an: „Man schreibt verschiedene Berufe auf gleich viele Zettel, legt sie unters Kopfkissen, nimmt dann um Mitternacht im Dunkeln einen Zettel hervor, auf diesem steht, was man wird.“

Aber nicht nur mit Orakel-Spekulationen befasste man sich am Thomastag. Wenige Tage vor Weihnachten musste man an die Verpflegung während der Festtage denken, da war Thomas der letzte Termin zum Schlachten der „Mettensau“, um am Christtag nicht auf einen Festbraten verzichten zu müssen.

In Nürnberg veranstaltete man am Thomastag einen Markt zu Ehren des Heiligen. Dieser Markt war aber nicht der Vorläufer des heutigen Christkindlsmarktes, wie zuweilen behauptet wird, sondern ein gewöhnlicher Markt für die Stadt und das Umland, um sich für die Weihnachtsfeiertage vor allem mit den notwendigen Lebensmitteln zu versorgen.

WETTERREGELN

Bei den Spruchweisheiten dieses Lostages geht es vor allem um die Wintersonnwende mit dem Beginn der längeren Tage und kürzeren Nächte:

„Sankt Thum kehrt den Tag um.“

„An Sankt Thomas wächst der Tag um einen Hahnenschritt.“

Um den Werdegang des Winters zu erfahren, schnitt man eine Zwiebel durch. Aus der Stärke der Zwiebelringe lasen unsere Vorfahren die kommende Winterwitterung heraus:
*„Zwiebelschale dünn und klein, soll der Winter milde sein.
Zwiebelschale dick und zäh, harter Winter – herrjemine!“*
Im Hinblick auf die Erträge des folgenden Jahres will man in der längsten Nacht des Jahres weder Mond noch Sterne sehen, denn:
„Wenn Sankt Thomas dunkel war, gibt' s ein schönes neues Jahr.“
Dass mit dem Winteranfang nun auch Kälte angesagt ist, meint der Spruch:
„Mit Thomas der Tag zu wachsen beginnt, aber das Wasser knochenhart gerinnt.“

Heiliger Abend, Weihnachten (24./25. Dezember)

Nach dem vorweihnachtlichen Trubel der Adventswochen, die zur Zeit unserer Vorfahren von Besinnlichkeit, Buße, Fasten und Verzicht geprägt waren, hoffen wir auch heutzutage, dass mit dem Heiligen Abend – im Kalender ausgewiesen als Gedenktag der Stammeltern Adam und Eva – Tage der Besinnung einkehren. Die Weihnachtskarten mit „besinnliche“, „fröhliche“, „gesegnete Weihnachten“ sind geschrieben, die Geschenke eingekauft und vielleicht schon die Wohnräume weihnachtlich geschmückt. Die freudige Erwartung des Festes war bei unseren Groß- und Urgroßeltern nicht viel anders als heute, weshalb sich auch manches Brauchtum aus ihrer Zeit bis heute erhalten hat.

Das erste Weihnachten, Christi Geburt in Bethlehem, wurde der Dreh- und Angelpunkt unserer Zeitrechnung. Allerdings vermuten Wissenschaftler, dass das Geburtsjahr Jesu zwischen 7 v. Chr. und 2 v. Chr. gelegen sein dürfte. Da der „Stern von Bethlehem“ mit einer speziellen Konstellation von Saturn und Jupiter im Sternzeichen der Fische gleichgesetzt wird, die nur alle 805 Jahre zu sehen ist, wie auch schon Johannes Kepler festgestellt hatte, vermuten manche, dass Jesus im Jahr 7 v. Chr. geboren ist, als diese Konstellation wieder einmal aufgetreten war. Aber auch für eine extrem nahe Begegnung des Jupiters mit der Venus im Jahr 2 v. Chr. gibt es Berechnungen.

Auch der Tag seiner Geburt lässt sich nicht genau feststellen, es handelt sich daher mehr um einen symbolischen Termin zur Zeit der Wintersonnwende in Anlehnung an die Feier des spätrömischen Festes „Sol invictus“ bzw. „Mithras“ am 25. Dezember. Damit hat die Kirche den römischen Sonnengott durch Christus als das „Licht der Welt“ ersetzt. In Rom wurde erstmals das Geburtsfest Jesu am 25. Dezember im Jahre 354 gefeiert.

In Bethlehem steht heute noch die aus dem 6. Jahrhundert stammende Geburtskirche. Sie soll über jener Höhle errichtet worden sein, in der Jesus zur Welt kam. Unter der Kirche liegt die Geburtsgrotte mit dem „Silberstern“. 15 Lampen über diesem Stern repräsentieren die verschiedenen christlichen Konfessionen.

Brauchtum

Zu allen Zeiten war das Christfest ein fröhliches Fest, so auch bei unseren Vorfahren. Groß war die Freude, wenn die am Barbaratag (4.12.) in die Vase gesteckten Zweige zu Weihnachten schon erblüht waren. Diese Blüten mitten im Winter galten nicht nur als Symbol des Lichtes und Lebens, das mit Christi Geburt wiederkehrte, sie standen auch für persönliches Glück. Eine ähnliche Bedeutung haben auch der Christbaum und die Mistelzweige.

Der immergrüne Baum hatte im mittelalterlichen Krippenspiel als „Paradiesbaum“ seinen Ursprung und verkörperte und symbolisierte das mit dem Geheimnis der Christnacht wieder erwachende Leben. Bei den mittelalterlichen Mysterienspielen am Gedenktag von Adam und Eva wurde der als Baum der Versuchung überlieferte „Baum der Erkenntnis“ aufgestellt und mit Äpfeln geschmückt. Dabei diente der Apfel als verbotene Frucht, die an den Sündenfall, aber auch an die Befreiung des Menschen von der Erbsünde durch Jesus Christus erinnerte. Im Lauf der Zeit variierte der Schmuck dieser Paradiesbäume in ihrer Entwicklung zum Weihnachts- oder Christbaum.

In Freiburg stellten die Bäcker bereits zu Weihnachten 1419 einen Baum auf, der mit Süßigkeiten behängt war. Diesen durften die Kinder dann zu Neujahr schütteln und abernten. 1609 ist in Straßburg der erste Christbaum belegt, der als „Gabenbaum“ ohne Kerzen hergerichtet war. Die Weihnachtsgaben zierten den Baum in Form von Äpfeln, Gebäck und Nüssen. 1611 schmückte Herzogin Dorothea Sibylle von Schlesien den ersten Weihnachtsbaum mit Kerzen.

Traditionell holte man den Christbaum mit Pferden aus dem Wald.
In manchen Gegenden wahren die Menschen diese Tradition.

Auch in der deutschen Literatur taucht der Christbaum auf. So in Goethes „Leiden des jungen Werthers“, als Werther von der Erscheinung eines „aufgeputzten Baumes mit Wachslichtern, Zuckerwerk und Äpfeln“, die ihn an Weihnachten in „paradiesisches Entzücken“ versetzten, schwärmte. Auch Schiller wünschte in einem Brief an seine Frau Lotte: „Ihr werdet mir hoffentlich einen grünen Baum im Zimmer aufrichten.“

Solche Bäume konnten sich zunächst nur reiche Familien leisten, die ärmeren mussten sich mit Ästen und Zweigen begnügen, denn Nadelbäume waren selten und damit teuer. Zunächst wurde der Christbaum von den evangelischen Christen in die Häuser übernommen, erst Ende des 19. Jahrhunderts eroberte er auch die katholischen Stuben.

Heute ist er in allen Teilen Deutschlands der wohl verbreitetste Weihnachtsschmuck; das belegt die Statistik: Etwa 24 bis 28 Millionen Weihnachtsbäume stehen jedes Jahr in deutschen Wohnzimmern (Quelle: Bundesverband der Weihnachtsbaum- und Schnittgrünerzeuger) mit einem Marktwert von fast 700 Millionen Euro (2015). Auch in Frankreich verbreitete sich auf Initiative der Kaiserin Eugenie der Weihnachtsbaum so rasch, dass in Paris bereits Mitte des 19. Jahrhunderts 35.000 Bäume verkauft wurden. Durch deutsche Auswanderer hielt der Weihnachtsbaum 1848 auch in Nordamerika Einzug. 1882 gab es dort den ersten Baum mit elektrischen Lichtern. Um 1830 wurden in Deutschland die ersten Christbaumkugeln geblasen, und mit Lametta wurden 1878 erstmals die Christbäume in Nürnberg verziert.

Seit dem Zweiten Weltkrieg hat auch der Mistelzweig Einzug in die Weihnachtsstuben gehalten. Die Symbolik des Mistelzweigs als Sinnbild des Lebens und Friedens ist mit der des Christbaums nahezu identisch. Darüber hinaus soll er auch Schutzkraft vor Blitz, Feuer und bösen Geistern besitzen.

Nach der adventlichen Fasten- und Bußzeit durften unsere Vorfahren an Heiligabend und Weihnachten wieder üppig tafeln. Wer es sich leisten konnte, genoss die Weihnachtsgans, sonst tat es auch ein anderer Weihnachtsbraten, denn Winterszeit war auch Schlachtzeit. Nach der Christmette und dem Festmahl versammelte sich die Familie vor dem Christbaum oder der Krippe und gedachte der Verstorbenen im Gebet, nachdem ein Familienmitglied die Weihnachtsgeschichte vorgelesen und Jung und Alt die beliebten alten Weihnachtslieder gesungen hatten.

Das „Christkindel", das als eine Art weiße Fee auftrat, brachte bescheidene Gaben: Äpfel, Nüsse, Hutzelbrot, Springerle und sonstiges Gebäck. Daneben gab es nur praktische Dinge: Selbstgeschneidertes oder Selbstgestricktes, höchstens noch ein einfaches selbst gefertigtes Spielzeug. Mancherorts wurde das „Christkindel" vom Furcht einflößenden „Pelznickel" begleitet und die Weihnachtsfreude der Kinder durch die Rute etwas getrübt. Der Weihnachtsschmuck in den Wohnhäusern und Kirchen wurde erst zu „Mariä Lichtmess" (2.2.) weggeräumt.

Wie alle hohen Feste galt auch Weihnachten als wichtiger Lostag im bäuerlichen Leben. Einen praktischen Hinweis für Bauherren enthält der Spruch: „Wer sein Holz um Christmett fällt, dem sein Haus wohl zehnfach hält." Wenn man das auch nicht auf die Stunde genau nehmen darf, so ist doch eines erwiesen, dass gerade in dieser Zeit, in der in den Bäumen kein Saft mehr steigt, das gesündeste und widerstandsfähigste Bauholz gewonnen wird.

WETTERREGELN

Hinsichtlich der Wetterprognosen ist der bekannteste Spruch:
„Weihnachten im Klee, Ostern im Schnee" (und umgekehrt).
Der Berliner Meteorologe Horst Malberg, der neben anderen auch diese Wetterregel untersuchte, stellte fest, dass der zitierte Spruch eine Treffsicherheit von 60 bis 70 Prozent aufweist. Eine ähnliche Aussage enthält die Regel:
„Ist 's an Weihnachten kalt, ist kurz der Winter, das Frühjahr kommt bald."
Alle Wetterphänomene wurden an Weihnachten genauestens beobachtet und gedeutet. War es windig, war eine gute Obsternte zu erwarten:
„Ist 's windig an den Weihnachtstagen, sollen die Bäume viele Früchte tragen."
Wie die Ernteaussichten für das folgende Jahr sind, belegen die Regeln:
„Weihnachten feucht und nass, gibt leere Speicher und Fass."
„Ist die Christnacht hell und klar, so folgt gewiss ein gutes Jahr."
Auch die zunehmende Tageslänge nach der Wintersonnwende fassten die Bauern in bildhafte Reime:
„Die Tage werden länger: Weihnachten um einen Muckenschritt, Neujahr um einen Hahnentritt, Dreikönig um einen Hirschensprung, Lichtmess um eine ganze Stund."

Der Autor

Helmut Kopf ist 1941 in Ottersweier (Mittelbaden) geboren, wo er heute noch wohnt. Er ist mit traditionellen Überlieferungen aufgewachsen, sein Großvater Franz Karl Maurath (1871-1934) war Landwirt und Heimatchronist. Nach seinem Studium in Freiburg unterrichtete Helmut Kopf als Gymnasiallehrer. Seit 1990 sammelt er auf Flohmärkten und im Internet Volks-. Heimat- und Bauernkalender aus dem deutschen Sprachraum.
Aus diesen Kalendern und aus den Aufzeichnungen seines Großvaters trug er das Manuskript für dieses Buch zusammen.

Literaturverzeichnis

Brockhaus-Enzyklopädie:
in 24 Bd. – 19., völlig neu bearbeitete Auflage (1986-1994).

Janson, Tore:
Latein: die Erfolgsgeschichte einer Sprache. Helmut Buske Verlag.

Kopf, Helmut:
Franz-Karl Maurath – „Altes aus Unzhurst". Klöpfer (Hg.), 186 Seiten.

Malberg, Horst:
Bauernregeln aus meteorologischer Sicht. Verlag Springer Berlin Heidelberg. 3. erweiterte Auflage (1999).

Micheler, Jürgen:
www.Bauernregeln.net

Michels, Bernhard:
Altes Wetterwissen wieder entdeckt – Bauernregeln – Wolken & Wind – Tiere & Pflanzen. 3. Auflage BLV Buchverlag München, 2016.

Ökumenisches Heiligenlexikon:
Verschiedene Artikel zu den genannten Gedenktagen.

Stadtarchiv Ulm:
„Die Schiff stehn schon bereit" – Ulm und die Auswanderung nach Umgarn im 18. Jahrhundert. Márta Fata (Hg). Forschungen zur Geschichte der Stadt Ulm. Reihe Dokumentation, Band 13, 2009.

Wikipedia, Die freie Enzyklopädie - Online-Lexikon (de.wikipedia.org):
Verschiedene Artikel.

Zedler, Johann Heinrich:
Großes vollständiges Universal-Lexicon aller Wissenschaften und Künste, welche bißhero durch menschlichen Verstand und Witz erfunden und verbessert worden (1731-1754).

Bildquellen

A.Lein/Shutterstock.com: S.48 unten
George Sheldon/Shutterstock.com: S.134
Jesus Fernandez/Shutterstock.com: S.76
Kübler, Heinz: S.2 mittig; S.3 oben; S.3 unten; S.6; S.16; S.22 alle; S.27; S.34 alle; S.56; S.63; S.82; S.85; S.104; S.107; S108; S.112
Marzolino/Shutterstock.com: S.38
mauritius images: S.98; S.126
Olga Pink/Shutterstock.com: S.42
TunedIn by Westend61/Shutterstock.com: S.2 unten; S.48 oben
Verband der Köche Deutschlands e.V.: S.95
Wolfilser/Shutterstock.com:S.3 mittig; S.72
Zoonar/Wolfilser: S.2 oben; S.9

Bibliografische Information der Deutschen Nationalbibliothek
Die Deutsche Nationalbibliothek verzeichnet diese Publikation in der Deutschen Nationalbibliografie; detaillierte bibliografische Daten sind im Internet über http://dnb.d-nb.de abrufbar.

Wollgrasweg 41, 70599 Stuttgart (Hohenheim)
E-Mail: info@ulmer.de
Internet: www.ulmer-verlag.de
Lektorat: Heide von Berlepsch, Anna Häusler
Herstellung: Jürgen Sprenzel
Umschlagentwurf: Atelier Reichet, Stuttgart
Satz: Atelier Reichet, Stuttgart
Druck und Bindung: Livonia Print, Riga, Lettland
Printed in Lettland

ISBN 978-3-8186-0106-5

Hier können Sie weiterlesen:

Nachkriegszeit auf dem Land – entbehrungsreich, einfach und doch hoffnungsvoll. Begegnen Sie 4 Freunden, die sich jeden Abend an der Schusterstaffel, dem Fixpunkt des Dorflebens, treffen. Sie glauben, dass sie ewig jung und ungebunden bleiben. Doch schon bald muss sich jeder auf seine Art beweisen. Folgen Sie Heinrich Maurer in eine lang untergegangene Welt, in der die Landwirtschaft noch im Zentrum des dörflichen Lebens stand.

Die vier von der Schusterstaffel. Ein Heimat-Roman.

Heinrich Maurer. 2016. 282 Seiten, geb. ISBN 978-3-8001-0825-1.

Ganz nah dran. Ulmer